ev reinhardt

Peter Krallmann
Annelie Beel-Krallmann

Karl ist ein komischer Kauz

49 Geschichten über menschliche Marotten zum Vorlesen bei Demenz

Ernst Reinhardt Verlag München Basel

Peter Krallmann, Rosendahl (bei Coesfeld), ist als psychologischer Berater sowie ehrenamtlicher Mitarbeiter bei verschiedenen sozialen Einrichtungen tätig. Von Peter Krallmann sind drei weitere Bände mit Vorlesegeschichten im Ernst Reinhardt Verlag erhältlich: „Ein Koffer voller Erinnerungen“ (ISBN 978-3-497-02563-3; auch als Hörbuch) und „Ein Fahrrad erzählt“ (ISBN 978-3-497-02432-2; auch als Hörbuch) – beide zusammen mit Uta Kottmann; zusammen mit Annelie Beel-Krallmann: „Onkel Fritz geht baden“ (ISBN 978-497-02560-2).

Annelie Beel-Krallmann, ebenfalls Rosendahl, war langjährig als Sonderschullehrerin mit den Schwerpunkten Lernen und Sprache tätig und hat sechs Jahre lang ihre demenzkranke Mutter betreut.

Bibliografische Information der Deutschen Nationalbibliothek

Die Deutsche Nationalbibliothek verzeichnet diese Publikation in der Deutschen Nationalbibliografie; detaillierte bibliografische Daten sind im Internet über <http://dnb.d-nb.de> abrufbar.
ISBN 978-3-497-02643-2 (Print)
ISBN 978-3-497-60364-0 (E-Book)

Printed in Germany
Covermotiv: © Günter Menzl / Fotolia.com
Satz: FELSBERG Satz & Layout, Göttingen

Ernst Reinhardt Verlag, Kemnatenstr. 46, D-80639 München
Net: www.reinhardt-verlag.de E-Mail: info@reinhardt-verlag.de

Inhalt

Vorwort und Tipps zum Vorlesen

Die kurzen Vorlesegeschichten von wenigen Minuten eignen sich besonders für Menschen mit Demenz. Einfach gestaltete Sätze erleichtern das Verständnis. Fragen am Ende einer Geschichte dienen nicht einer inhaltlichen Auseinandersetzung, sondern einzig als Anregung zum Gespräch, das durchaus eine ganz eigene Richtung nehmen kann.

Unsere Geschichten beschäftigen sich mit typischen Verhaltensweisen, mit menschlichen Stärken und Schwächen, mit Charakteren, mal angepasst, mal skurril. Manchmal steht ein besonderes Ereignis im Vordergrund, ein anderes Mal der Umgang der Menschen miteinander. Mit Personen, die einem so oder in ähnlicher Form im Alltag begegnen könnten, sollen die Emotionen des Zuhörers (und vielleicht auch des Lesers) angesprochen werden.

Neben Worten und Sätzen ist immer auch die nonverbale Kommunikation von großer Bedeutung. Eine liebevolle Begegnung, Mimik und Satzmelodie können beim Zuhörer positive Resonanz wecken. Körperliche Berührung verstärkt das noch. Hier noch einige weitere Vorlesetipps:

- Es kann beim Demenzkranken vorkommen, dass das Personalpronomen (er, sie) nicht richtig verstanden wird. Ersetzen Sie es dann durch den Namen der handelnden Person.

- Halten Sie Blickkontakt, um emotionale Reaktionen zu erfassen.
- Nutzen Sie jede sich ergebende Möglichkeit zum gemeinsamen Lachen.
- Führen Sie anschließende Gespräche nicht auf einer logischen Ebene, lassen Sie alles Gesagte gelten.
- Seien Sie gelassen, freundlich, wohlwollend.
- Körperkontakt, eine liebevolle Hand, haben viele Zuhörer besonders gern.

Da wir auch Verständnis haben für die besondere Rolle des Vorlesers, fügen wir allem hinzu: ... sofern es Ihnen möglich ist.

Rosendahl, im Juli 2016

Peter Krallmann und
Annelie Beel-Krallmann

Ablenkungsmanöver

Programm war angesagt! Meine beiden Söhne Karl und Franz, vier und zwei Jahre alt, hielten mich ständig in Atem. Kaum war ein Spiel beendet, kam die Frage: „Und was machen wir je-hetzt?“ Spielplatzbesuch bei jedem Wetter, vorlesen, malen, verstecken spielen.

Eines Tages wurde es mir dann doch zu viel, und meine Reaktion war etwas ungeduldig: „Nein! Jetzt nicht! Ich bin beschäftigt. Ihr geht bitte in euer Zimmer und spielt brav zusammen.“ Kein Protest? Ich staunte. Beide gingen ruhig den Flur entlang in ihr Reich. Eine Weile beobachtete ich sie. Da alles ruhig blieb, stellte ich eine Maschine Wäsche an und bügelte die Hemden meines Mannes.

Nach einer halben Stunde war es immer noch still. Ich rief: „Ka-harl, Fra-hanz!“ Keine Antwort. Das war nicht normal. Ich ging rüber. Sie kamen mir schon über den langen Flur entgegen, Hand in Hand, in kompletter Winterbekleidung mit Jacke, Mütze, Schal, Handschuhen und einem Kinderkoffer in der Hand. Der Große hatte seinem Bruder wohl beim Anziehen geholfen. Ich staunte: „Es ist doch Sommer, Kinder. Wo wollt ihr hin?“

„Es ist sooo langweilig. Wir wollen einen Schneemann bauen, darum fahren wir jetzt zum Nordpol. Tschüss, Mami.“ Bevor ich den Ernst der Lage erkannte, waren die beiden schon im Treppenhaus. Jetzt aber schnell hinterher. „Ihr könnt doch nicht ohne Essen so eine weite Reise machen.“ Sie schauten mich an. „Stimmt ja“, meinten sie und folgten mir zögernd in die Küche. Ich machte ihnen Leberwurstbrote, hinterher gab es etwas Süßes, Rosinenbrot mit Honig. Ihre Winterbekleidung behielten sie an, der Koffer stand neben dem Stuhl. Um sie umzustimmen, erzählte ich von unserem letzten Urlaub: „Erinnert ihr euch, wie warm die Sonne auf Mallorca war und der weiche Sand unter unseren Füßen?“ Ich konnte sehen, wie es in den kleinen Köpfen arbeitete. Karl sprang auf einmal auf, nahm den Koffer und rief: „Komm Franz!“

Der Wintertraum war erledigt. Erleichtert räumte ich die Küche auf. Aber ich konnte mich nicht lange freuen. Schon standen meine beiden Söhne wieder vor mir. Wieder mit Koffer, aber ohne Winterbekleidung. Sie hatten gar keine Kleidung an. Splitterfasernackt standen sie da und erklärten mir: „Mama, jetzt fahren wir nach Mallorca.“

Computermuffel

Hoffentlich muss ich niemals mit einem Computer arbeiten. Ich war mit 63 kurz vor meiner Pensionierung und hatte mich lange gegen den Einzug eines Computers in meinen Alltag gewehrt. Aber nun stand er da – auf meinem Schreibtisch im Arbeitszimmer. In meinem Kopf war immer noch die Antihaltung vorprogrammiert: Das brauche ich nicht. Das kann ich nicht. Das will ich nicht.

War das eine selbsterfüllende Prophezeiung?

Ein kleines bisschen Freude mischte sich unversehens in diese alten Gedanken hinein. Schick sieht er aus, dieser schwarze Hochglanzcomputer, sieht fast aus wie Klavierlack. Toll, wenn ich es in meinem Alter noch schaffe, mit diesem Gerät umzugehen.

Aber schon der Umgang mit der Maus war gar nicht so einfach. Oft tanzte der Cursor unkontrolliert über den Bildschirm. Nach zehn Minuten vor dem Computer schmerzten meine Schultern, da ich angestrengt und völlig verkrampft versuchte, Herr zu werden über diese neue Errungenschaft. Aber im Laufe der Zeit gewann ich immer häufiger dieses Katz-und-Maus-Spiel am Bildschirm. Bald konnte ich den PC wenigstens so ähnlich nutzen wie meine gute alte Schreibmaschine, Olympia. Mit der hatte ich vor zig Jahren sogar meine Examensarbeit getippt mit dem Zweifinger-Adlersuchsystem und mit Hilfe von Tipp-Ex kleinere Fehler ausgemerzt. Wenn größere Patzer da waren, hatte ich allerdings ganze Seiten neu schreiben müssen. Da ist der PC doch wirklich ein Riesenfortschritt!

Aber es gibt auch Tage, an denen gewinnt der Computer. Da macht er einfach, was er will, und ich sitze ratlos davor. Dann brennen nicht nur meine Schultern, auch die Nerven liegen blank.

Habe ich aus Versehen eine Taste gedrückt? Ich weiß nicht welche.

Was bedeutet dieses Symbol?

Ich hab schon wieder vergessen, wie man eine Tabelle erstellt.

Jetzt geht ja gar nichts mehr!

Und wie kann ich das, was ich angerichtet habe, wieder rückgängig machen?

Meinen Mann kann ich nicht fragen. Der rauft sich die Haare, wenn er mir wieder alles erklären soll. Maik, meinen Sohn, schon gar nicht. Der revanchiert sich für meine Gereiztheit von früher. Offensichtlich hat Maik es mir noch nicht verziehen, dass ich ihm gegenüber beim Vokabelabfragen so streng war. Heute kommentiert er meine Unfähigkeit: „Wieso kannst du dir das nicht merken, Mama? Fehlt dir vielleicht die richtige Einstellung?“

Irgendwie klingt das so ähnlich wie früher meine Worte. Es könnte sogar sein, dass Maik Recht hat.

Das Geschenk

„Wie ärgerlich, dass ich diese blöde letzte Stufe nicht gesehen habe“, schimpft Otmar. Jetzt liegt er im Krankenhausbett und muss eine Reihe von Untersuchungen über sich ergehen lassen. „Hier hinten am Rücken habe ich den Schmerz.“ Er zeigt der Krankenschwester die schmerzende Stelle. Bald steht fest: Otmar muss im Krankenhaus bleiben. Und das zwei Wochen vor Weihnachten. „Zum Glück kann ich mich auf Simon verlassen. Der hilft meiner Frau, wo er nur kann. Stall ausmisten, Kühe füttern und melken.“ Otmar weiß, dass er die Dinge, die er nicht ändern kann, gelassen hinnehmen muss. Deshalb ist er auch ein freundlicher Patient, der dankbar ist, wenn er von den Krankenschwestern versorgt wird. Bei der nächsten Visite fragt Otmar: „Herr Doktor, bin ich denn Weihnachten wieder zu Hause?“

„Na, das kann knapp werden, da bin ich nicht sicher“, antwortet der Stationsarzt. Das bedeutet, Otmar muss sich jetzt hier im Krankenhaus um ein Weihnachtsgeschenk für seine Frau kümmern.

Ein Weihnachtsgeschenk muss sein. Dieses Jahr ein besonders schönes. Und eine Überraschung soll es auch sein. Egal unter welchen Umständen. Deshalb bestellt er seinen Kegelbruder Jakob, der ist Juwelier. „Jakob, du hast ja den halben Laden dabei“, lacht Otmar. Jakob breitet auf dem Bett eine Kollektion von goldenen Armbändern aus – auf einem Tuch aus blauem Samt. „Da kann ich mich ja gar nicht entscheiden.“ Doch, natürlich entscheidet er sich. Glücklicherweise ist er auch Weihnachten wieder zu Hause. Am Weihnachtsbaum brennen die Kerzen. Der Duft von Bienenwachs mischt sich mit dem von Lebkuchen, Spekulatius und Hühnerfrikassee. Bescherung. „Ich kann es nicht glauben", staunt Anna, als sie das kleine goldene Kästchen mit der Aufschrift „Jakob Weber, Juwelier" öffnet. Sie legt das goldene Armband um ihr Handgelenk. Otmar hilft ihr dabei. „Schau mal, zwei kleine Sicherheitsverschlüsse. Da kannst du es bestimmt nicht verlieren."

Das stimmte, stellte Anna noch am Abend fest. Die Verschlüsse ließen sich nicht wieder öffnen. So musste sie das goldene Armband auch in der Nacht tragen. Und am Weihnachtsmorgen im Stall beim Melken.

Ob die Kühe sich gewundert haben? Ob sie gemerkt haben, dass Weihnachten ist?

Der Besserwisser

Heribert ist begeistert von seinem neuen Auto. „Von Null auf Hundert beschleunigt er in acht Sekunden. Und diese Straßenlage."

„Außerdem fährt er sich ganz komfortabel. Er hat so bequeme Sitze", schwärmt Alice und kuschelt sich bei dem Gedanken genüsslich in ihren Wohnzimmersessel. Alle freuen sich mit den beiden. Nur Dietmar hat sich nicht geäußert – aber jetzt: „Die beste Automarke ist .... Sie gewinnt jeden Test." Das sagt er mit einer Bestimmtheit, die keinen Widerspruch duldet. Also wechselt man das Thema. „Alice, übrigens ich habe ein neues Rezept mit Lachs und Blattspinat." Während Lilo von kleingeschnittenem Knoblauch und gedünsteten Tomaten zum Spinat erzählt, mischt sich Dietmar ein: „Was für ein Öl nimmst du?"

Lilo: „Ich nehme immer Distelöl."

„Das ist falsch, das geht gar nicht. Du musst ..." Eigentlich wollte es niemand mehr hören. Deshalb Themenwechsel. „Bei diesem schönen Frühlingswetter geht es wieder los mit Rasenmähen. Hoffentlich springt unser Mäher nach der Winterpause wieder an." Ulrike traut ihrem alten Benzinrasenmäher nicht so richtig.

„Deshalb haben wir uns einen Elektromäher gekauft", sagt Lutz.

„Ich finde Elektro auch besser als einen Benziner." Die Bemerkungen gehen hin und her, pro und kontra, bis Dietmar eingreift: „Ganz klar ist ein Benziner besser. Da gibt es doch keine Diskussion!“ Stimmt, es gibt auch keine Diskussion mehr. Es gibt aber auch keine gute Stimmung mehr. Betretenes Schweigen. Lilo greift zu ihrer leeren Kaffeetasse, um den nicht mehr vorhandenen letzten Schluck zu trinken. Alice nimmt die Kuchengabel und schabt auf ihrem Teller fünf Krümel zusammen. Heribert hüstelt und kämpft innerlich. Ob jetzt aus der Kombination von Hüsteln und innerem Kampf wohl geformte Worte entstehen? „Sag mal, Dietmar, merkst du eigentlich, dass du jedes Gespräch kaputt machst und unsere gute Laune auch?“, platzt es aus ihm heraus.

Wie reagiert Dietmar wohl?

Der Faule

Bodo schaute auf die Uhr – schon elf. Die Sonne schien durch die Gardinen. Eigentlich sollte er aufstehen, aber er hatte keine Lust. Also drehte er sich zur Wand, damit die Sonne nicht so störte, kuschelte sich in seine weiche Bettwäsche und schlief weiter.

Irgendwann, so gegen Mittag, stand er dann doch auf – aber ganz langsam. Er schlurfte in die Küche und machte sich einen Kaffee. Essen wollte er nicht – keine Lust. „Ich fahre jetzt zu Ralf", dachte er sich. Sein Freund hatte einen kleinen Elektroladen. Jeden Morgen um acht Uhr öffnete Ralf sein Geschäft, auch samstags. Seit 15 Jahren hatte er noch keinen Tag gefehlt, außer im Urlaub. Mehr als eine Woche, aber höchstens zehn Tage, mehr war nicht drin.

„Hallo Ralf", sagte Bodo, als er den Laden betrat. „Schon wieder fleißig. Du gönnst dir auch keinen Tag Pause."

„Ja, das stimmt. Gleich kommt ein Kunde, der Probleme mit seinem Sicherungskasten hat. Ohne mich sitzt der heute Abend im Dunkeln", erwiderte Ralf.

„Ich verstehe dich nicht", meinte Bodo. „Jeden Tag früh aufstehen, den ganzen Tag im Laden verbringen, das ist doch öde."

„Ach, weißt du, daran gewöhnt man sich mit der Zeit." Ralf räumte zwei kleine Schraubendreher in die Schublade. Bodo setzte sich gemütlich auf die grüne Holzbank, die fast im Schaufenster stand. Der Laden war nämlich recht klein.

„Haste denn mal 'nen Kaffee für mich?" In einem winzigen Nebenraum stand neben Regalen mit etwa hundert sauber beschrifteten kleinen Schubladenfächern ein kleiner Tisch mit einer Kaffeemaschine. Schon alt, aber sie funktionierte noch. Ralf goss den Rest Kaffee in einen Becher.

„Schwarz?“

„Ja. – Sag mal Ralf, lohnt sich eigentlich dein Laden, wenn du die langen Arbeitszeiten dabei berücksichtigst?“

„Ich kann keine großen Sprünge machen, aber ich komme gut über die Runden.“

„Ich hätte keine Lust, auch noch samstags zu arbeiten, wenn alle anderen frei haben.“

„Das glaube ich dir“, entgegnete Ralf, der Bodos Gejammer leid war. „Kann es sein, dass du von Montag bis Freitag auch keine Lust hast zu arbeiten?“

Der freundliche

Es gibt Menschen, die müssen dich nur anschauen und du bekommst gute Laune. So einer begegnete mir vor ein paar Tagen. Es war ein Radfahrer. Ich kannte ihn nicht, aber er grüßte mich mit so einem freundlichen Lächeln, dass ich genauso zurück grüßte. Ich konnte gar nicht anders. Na und? Was ist daran so bemerkenswert? Nun, zehn Schritte weiter waren immer noch Spuren eines Lächelns in meinem Gesicht, nach fünfzig Schritten nicht mehr. Jetzt hätte der nächste Radfahrer kommen müssen.

Wenn ich von diesen alltäglichen Begegnungen genug bekäme, würde sich das Lächeln aus meinem Gesicht dann nicht mehr verabschieden? Würde es bleiben? Immer?

Ich trainierte mich. In den Momenten, in denen ich keine gute Laune hatte – und davon gab es mehr als genug –, stellte ich mir den Radfahrer vor. Sein Gesicht mit dem netten Lächeln. Schon lächelte ich auch. Es half also, aber nur für kurze Zeit. Ich musste mehr trainieren.

Jedes Mal, wenn ich einen Radfahrer von weitem sah, lächelte ich schon einmal vorsorglich. Eines Tages hielt einer an und fragte: „Was grinst du mich so blöd an? Kennst du mich überhaupt?“ Seit diesem Tag habe ich mein System verändert. Ich lächle erst, wenn der Radfahrer schon vorbei ist.

Von hinten klingelt es. Schon wieder ein Radfahrer. Lächeln!

Der Handwerker

Gelegentlich trifft man Menschen, die von sich behaupten alles zu können. Ich dachte immer: „Wer alles kann, kann nichts richtig."

Bis ich Burghard kennenlernte.

Burghard ist vielleicht eine Ausnahme. Schon in der Lehre wollte er immer der Beste sein. Dieser Ehrgeiz hat ihn dazu getrieben, sich immer weiter zu entwickeln. Er liest viel und interessiert sich für alle technischen Weiterentwicklungen, nicht nur in seinem Fachbereich, der Elektrik. Neulich erklärte er mir haarklein, wie mein Heizkessel funktioniert und wie die Zirkulationspumpe dafür sorgt, dass schneller warmes Wasser aus dem Hahn läuft. Ich habe es schon wieder vergessen.

Gestern war ich mit ihm im Baumarkt. Burghard hatte eine andere Auffassung als der Verkäufer. Das sagte er ihm auch lautstark in scharfer Form. Ich habe mich schnell in das Gespräch eingemischt. Ich will in Zukunft auch noch in diesem Baumarkt einkaufen. Als ich Burghard am Arm wegzog, war er immer noch empört über den Verkäufer. „Wie kann der so etwas behaupten? Ich weiß genau, dass das anders ist!" Ich versuchte ihn zu beruhigen: „Ja, ja, Burghard. Ich glaube dir. Vielleicht ist der Mann in diesem Bereich nicht so gut ausgebildet wie du."

Eigentlich ist es gut, wenn Burghard seinen Mund nicht aufmacht. Nicht wegen seiner Worte, sondern wegen seiner Zähne. Der linke Schneidezahn fehlt ganz, im Unterkiefer steht ein Zahn völlig schief und alles ist ganz gelb.

Burghard hat Angst vor dem Zahnarzt. Dieser große, kräftige Mann, dem keine Arbeit zu schwer ist, der richtig anpacken kann, hat Angst vor dem Zahnarzt!

Zum Glück aber nicht vor dem Einbau einer neuen Treppe zum Dachboden. Die alte Treppe sollte ausgetauscht werden, weil sie schon etwas morsch war. Burghard brachte seinen Sohn mit. Der hatte bei der Arbeit nichts zu lachen. Er war nur der Handlanger, obwohl er seine Lehre mit sehr gut abgeschlossen hatte. Er fügte sich in die Rolle, weil er wusste, was sein Vater konnte. Dann hörte ich sie diskutieren: „Kräfteentwicklung bei Belastung – … Holz – … Metallschienen …“ Burghards Sohn kannte sich aus. Das war sein Bereich – die Mechanik. Ich dachte an den Baumarkt. Entsteht aus der Diskussion jetzt Streit? Irrtum. Burghard gab nach und akzeptierte den Vorschlag seines Sohnes.

Vielleicht war er als Vater auch ein wenig stolz.

Der Hasenflüsterer

Bruna war ein weibliches Zwergkaninchen. Sie lebte bei uns im Haus, in einem Hasenkäfig. Aber nur nachts, tagsüber lief sie frei herum. Der große Käfig in unserem kleinen Korridor störte uns mit der Zeit. Es musste eine Lösung her. Gesagt, getan.

Kaninchen benutzen in ihrem Käfig immer nur eine bestimmte Ecke, um ihr Geschäft zu verrichten. Wir schafften also ein Katzenklo an. Jetzt wollte ich Bruna beibringen, es auch zu benutzen. Ich beobachtete, dass sie gelegentlich in die Gästetoilette lief. Das würde ja gut passen. Ich legte mit Möhrenstückchen eine Spur. Und tatsächlich, das Katzenklo in dem Gäste-WC war ein voller Erfolg.

Das nächste, was sie lernen sollte, war Treppensteigen. Ich brachte es ihr bei. Ich hockte mich neben sie, klopfte mit der Hand auf die erste Stufe und hob die beiden Vorderläufe hinauf. Dann schob ich ihr Hinterteil vorsichtig nach. Mit der nächsten Stufe machten wir es genauso. Irgendwann waren wir oben. Am nächsten Tag lockte ich sie mit Katzenleckerchen. Das wiederholte ich oft mit viel Geduld und auf einmal hoppelte sie allein die Treppe hinauf.

Ich war selbständig und hatte mein Büro im Haus in der ersten Etage. Treppensteigen konnte Bruna jetzt, also lief sie im Büro ständig hinter mir her. Ich legte ihr ein Kissen unter meinen Schreibtisch, wo sie es sich bequem machte.

Wenn sie musste, lief sie nach unten auf ihr Katzenklo und kam dann wieder.

Manchmal gingen wir mit Bruna in den Garten. Sie hoppelte über die Wiese, kaute auf Grashalmen herum und sah aus wie der Osterhase. Sie verrichtete hier draußen ihr Geschäft nicht etwa auf der Wiese, sondern lief ins Haus zu ihrem Katzenklo. Wir hatten ein reinliches Tier. Den Käfig brauchten wir nicht mehr.

Da sie stubenrein war, durfte sie auch in unserem Reisemobil mit in den Urlaub. Nachts schlief Bruna in einer Transportbox, tagsüber lief sie im Mobil frei herum. Damit sie auch alles sehen konnte, legten wir ihr ein Kissen auf den Tisch. Wunderbar – sie sprang auf die Bank, dann auf den Tisch und genoss die Aussicht. Ab und zu gingen wir mit ihr spazieren – an der Leine. Sie machte das mit, fast wie ein Hund.

Bruna war die Attraktion.

Der Lethargische

Lothar liegt auf dem abgewetzten moosgrünen Sofa. Im Jogginganzug. Bequem muss es sein. Es darf nichts drücken an seinem Bauch, dessen Fülle einiges verrät über Lothars Bierkonsum. Dichter Nebel um ihn herum. Zwischen Zeigefinger und Mittelfinger qualmt eine Zigarette vor sich hin. Lothar liegt auf seiner rechten Seite, damit er den Film im Fernsehen verfolgen kann. Manchmal fallen ihm die Augen zu. So ist das eben an einem langweiligen Tag. Neulich hat ein Kollege vorgeschlagen, gemeinsam kegeln zu gehen. „Nö, ich nicht. Hab keine Lust", war Lothars Antwort.

Vor ihm steht ein übervoller Aschenbecher. Der kleine schwarze Tisch ist übersät mit zarten grauen Ascheteilchen, die sich mit jeder Luftbewegung weiter verteilen, auch bis in die offene Tüte Chips. Sie liegt seit Tagen neben der Stange Zigaretten. Draußen ist es kalt, deshalb lüftet Lothar nicht. Und der Qualm bleibt im Raum. Neben seinem Sofa liegen mehrere Flaschen. Limonade, Cola, Bier. Alle leer. Im Flur steht ein übervoller Papierkorb. Darin thront oben eine leere Flasche Universalreiniger. Das kann eigentlich nicht sein, denn Lothar putzt nicht. Er lebt allein.

Manchmal besucht ihn Ludmilla. Sie wohnt drei Häuser weiter. Vor etlichen Jahren ist sie aus Weißrussland hierhergekommen. Sie lebt auch allein. Lothar freut sich, wenn sie kommt. Manchmal putzt sie bei ihm. Hauptsache, er hat mal jemanden zum Reden. Ein beliebtes Thema sind die Nachbarn. Aber auch die Politik. Vor allem, was die da oben alles falsch machen. Meistens sind sich Lothar und Ludmilla einig. Sie schimpfen dann gemeinsam auf die Konzerne, die Banken und die Politiker in Berlin. Einmal allerdings hat Ludmilla ihn überrascht. Da hat sie doch gesagt: „Lothar, dein Gemecker geht mir auf die Nerven. Wenn du alles besser weißt, dann mach was! Dann beweg dich mal!“

Was Ludmilla wohl damit gemeint hat?

Der Mann mit den zwei Hunden

Der Wind pfiff um die Ecke und wirbelte ein paar alte Blätter aus dem letzten Herbst in einem anmutigen Reigen in die Luft. Jetzt begann es auch noch zu regnen. „Bei diesem Wetter jagt man keinen Hund vor die Tür“, dachte Herr Führmann, „aber es hilft ja nichts, wir müssen raus.“ Er nahm die wetterfeste Bekleidung vom Haken, rief seine zwei Hunde, Rico und Mantos, und ging raus.

Rico war alt. Er trottete langsam hinterher, schnüffelte rechts und links und lag manchmal so weit zurück, dass man ihn nicht mehr sehen konnte. Herr Führmann wartete geduldig, bis sein Hund wieder aufgeschlossen hatte. Rufen hatte keinen Sinn, der Hund war taub. „Wenn er einmal zu weit zurückbleiben sollte, wäre das nicht schlimm. Er würde auch allein nach Hause finden“, meinte Herr Führmann.

Mit Mantos war das anders. Er kam aus dem Tierheim. Vor fünf Jahren wollte Herr Führmann gerne einen zweiten Hund. Er schaute sich mehrere Hunde im Tierheim an. Und es war einer dabei, der ihm gut gefiel. Aber dann liefen sie an einem anderen Hund vorbei, der verängstigt in einer Ecke seines Käfigs hockte. Er schaute sie überhaupt nicht an. Das war ungewöhnlich. Normalerweise sprangen alle Hunde sofort nach vorne an die Gitterstäbe, wenn Besucher kamen, bellten vor Freude und wedelten mit dem Schwanz. Dieser Hund tat es nie. Er war in den ersten

Monaten seines Lebens ohne Kontakt zu Menschen aufgewachsen. Das hatte ihn geprägt. Ihm fehlte das Vertrauen, das Hunde zu Menschen üblicherweise haben. „Den will keiner haben“, sagte der Heimleiter. Plötzlich drängte sich Rico an die Gitterstäbe, bellte einmal und wedelte mit dem Schwanz. „Öffnen Sie doch bitte die Tür“, bat Herr Führmann. Rico ging sofort in den Käfig auf den fremden Hund zu. Der erhob sich, beschnüffelte Rico und wich ihm nicht mehr von der Seite. „Was soll ich machen?“, sagte Herr Führmann. „So eine deutliche Sprache! Rico hat ihn ausgewählt, also nehme ich den Hund.“

Es wurde aber nicht leicht. Mantos blieb zurückhaltend. Fremden wich er immer aus. Mit viel Geduld, aber auch mit viel Hundeverstand gelang es Herrn Führmann, Mantos Vertrauen zu gewinnen.

Heute läuft Mantos an einer ganz langen Leine, mindestens zehn Meter lang. Er schnüffelt links und rechts des Weges, springt übermütig über den Graben und freut sich über so viel Freiheit.

Wenn ich Herrn Führmann bei meinen täglichen Spaziergängen treffe, reden wir immer ein paar Worte miteinander, oft über Hundepsychologie. Mit seiner ruhigen und einfühlsamen Art hat er auch mein Vertrauen gewonnen.

Der Nörgler

Wir haben uns als Kinder immer auf Klassenfahrten gefreut. Alle – nur nicht Norbert.

Meist wohnten wir in Jugendherbergen, einmal in Altena. Dort ist die Jugendherberge in einer echten alten Burg untergebracht. Wir fühlten uns wie die Ritter der Tafelrunde und suchten mit Gawein und Parzival den heiligen Gral.

In unserem Schlafraum standen vier Betten für jeweils zwei Jungen. Betten, so wie in Jugendherbergen üblich. Zwei übereinander, Doppelstock. Uwe schlief oben. Er nahm ein paar Schritte Anlauf und sprang mit einem Satz wie ein Hochspringer in sein Bett. Alle waren beeindruckt – nur nicht Norbert. Am nächsten Morgen beklagte er sich: „Sind eure Betten auch so hart? Ich habe heute Morgen Schmerzen im Rücken." Nein, wir anderen hatten keine Probleme mit unseren Matratzen.

Das Frühstück mal nicht unter Mutters Aufsicht. Es schmeckte in der Gemeinschaft alles besser – trotz oder gerade wegen der lärmenden Geräuschkulisse im großen Speisesaal. Norbert hielt sich die Ohren zu. Er kaute auf seinem Brot herum. „Die Wurst schmeckt gar nicht, der Käse auch nicht. Zu Hause haben wir immer Weißbrot und Nutella ..."

„Echtes gesundes Roggenbrot", meinte unser Lehrer.

Nach dem Frühstück machten wir einen Waldspaziergang. Zuerst fanden wir das nicht besonders gut, aber dann bauten wir aus Baumstämmen Brücken und rutschten johlend Abhänge hinunter. Unser Lehrer zeigte uns, wie wir aus dünnen Ästen und Zweigen eine Laubhütte bauen konnten. Norbert saß etwas abseits auf einem Baumstamm und schaute vor sich auf den Boden, leise murmelnd: „Wann gehen wir zurück? Das ist ja langweilig."

Auf dem Rückweg taten ihm die Füße weh und der Weg war zu steil. Kein Wunder, Norbert war auch etwas zu dick.

Dann Mittagessen: Salat, Bratkartoffeln und Spiegelei. Prima für uns Waldarbeiter. Nicht für Norbert. Na ja, er war auch kein Waldarbeiter wie wir. Norbert konnte ganz schön nerven.

Am Nachmittag besuchten wir das Museum in der Burg. Viel Blech gab es zu sehen. „Was ist das denn für ein Ding, das ist ja ganz rostig?", fragte einer. Norbert wusste Bescheid: „Das ist ein Harnisch, ein Teil einer Ritterrüstung aus dem Mittelalter. Und diese langen Dinger mit den Zacken, das sind Hellebarden. Das da hinten", er zeigte auf ein überlanges Schwert, „ist ein Zweihänder. Den trugen die Ritter diagonal auf dem Rücken." Dann mussten wir Norbert festhalten, sonst wäre er über die Absperrung geklettert und hätte versucht, mit einer Streitaxt Ritter Gawein zu spielen.

So kannten wir ihn nicht. War das wirklich Norbert?

Der Tierfreund

Mit Tieren hätte ich schon immer gern geredet, meinten meine Freunde. Vielleicht hatten sie Recht, aber mit Menschen rede ich auch.

Seit dem Frühjahr grasten ein paar schwarzbunte Rinder in der Nähe des Schlosses. Ein Holzzaun schützte die alte Eiche mitten auf der Weide. Er verhinderte, dass die Rinde anknabbert wurde. Mir war nicht klar, dass Rindvieh überhaupt so etwas tut. Sobald es regnete, standen die Tiere gemeinsam unter dem Blätterdach der ausladenden Baumkrone. Ein holpriger Weg führte mich auf meinem täglichen Gang an dieser Weide vorbei. Auf der anderen Seite neben mir ein Wassergraben, der den Schlossteich speiste. Durch den starken Regen am Tag vorher war er zu einem rauschenden Bach angeschwollen.

Auffällig viele kleine Erdhügel waren am Rand der Weide aufgeworfen. Der Maulwurf war wieder aktiv. Ich blieb stehen. Natürlich zeigte sich kein Maulwurf, aber alle – wirklich alle neun Rinder – hörten auf zu kauen und schauten mich an. Vielleicht war ihnen langweilig. Ein Rind ging ein paar Schritte auf mich zu und blieb am Zaun stehen. Die anderen folgten ihm neugierig. So genötigt, begann ich ihnen etwas zu erzählen. Zunächst hörten sie mir aufmerksam zu. Aber schon nach ein paar Sätzen drehten sie gelangweilt ab und begannen zu grasen.

Ich hatte wohl von den falschen Dingen erzählt.

Die alte Gräfin und der Vorleser

Der Vorleser wurde ins Schloss bestellt. Die Gräfin war alt und ein wenig tüddelig geworden. Mit 87 durfte man das auch. Der Vorleser sollte sie ein wenig unterhalten. Die Gräfin sei manchmal nicht ganz einfach und gelegentlich auch etwas unbeherrscht, erklärte man ihm, und ob er sofort anfangen könne. Er konnte.

Das erste Zusammentreffen verlief nicht vielversprechend. Die Gräfin brummelte, er solle sie zufrieden lassen und verschwand. Er auch. Am nächsten Tag war er wieder da.

„Es ist alles so langweilig“, klagte sie. „Ich habe nichts zu tun. Am Nachmittag denke ich schon ans Schlafengehen.“

„Nun gut“, meinte der Vorleser, „dann wollen wir einmal überlegen, was wir machen. Was können Sie denn?“

„Wie, was? Was heißt hier können? Ich bin Gräfin!“

„Aha, dann werde ich als erstes notieren: ‚Ich kann Gräfin‘. Welche Fähigkeiten haben Sie denn noch?“

„Dumme Fragerei! Ich möchte jetzt erst einmal, dass mir vorgelesen wird.“

Jetzt lieber etwas vorsichtig, dachte der Vorleser, nahm sein Buch und las. Nach einer halben Stunde war die Gräfin eingeschlafen. „Auch gut“, dachte der Vorleser.

So ging das ein paar Tage. Wenn der Vorleser einmal nicht kam, fragte die Gräfin nach ihm. Man gewöhnte sich aneinander.

Am nächsten Donnerstag war strahlender Sonnenschein, nur ein paar Schäfchenwolken am Himmel. Eine Lerche zwitscherte in der alten Buche. Man traf sich im Park. Der Vorleser las der Gräfin eine Geschichte aus 1001 Nacht vor. Dann fragte er:

„Können Sie schreiben? Oh Entschuldigung, natürlich können Sie schreiben. Ich meinte, können Sie Geschichten schreiben für mich?"

„Geschichten? Was für Geschichten?"

„Schreiben Sie über alles, was hier passiert. Schreiben Sie, wie das Rad an der Kutsche brach, als Sie durch den Spessart fuhren, und schreiben Sie über die Lerche am Himmel."

Die Gräfin dachte lange nach über das, was der Vorleser gesagt hatte. Am nächsten Morgen ließ sie sich Papier und Bleistift bringen und begann.

Als am Nachmittag der Vorleser kam, las sie ihm ihre Geschichte vor. Als sie fertig war, begann der Vorleser laut zu lachen.

„Lachen Sie etwa über mich?", fragte die Gräfin aufgebracht.

„Ich lache über Sie. Ich lache über mich. Und wenn wir am Ende beide über uns lachen, haben wir viel erreicht."

Die Blumenfreundin

Wir lieben die Sonne und die Wärme. Deshalb fahren wir fast jedes Jahr im Urlaub nach Spanien. So auch dieses Jahr. Hier sind die Blumen größer, bunter, und es gibt viel mehr Arten als zu Hause. Meine Lieblingsblume ist die Bougainvillea. Sie rankt an den weißen Häuserwänden empor und gedeiht auch mit sehr wenig Wasser. Jedes Mal kommt es mir so vor, als würde sie mir sagen: „Siehst du, wie wenig man im Leben braucht?“

Im letzten Sommer blieb ich vor so einem prächtigen Blütenmeer stehen und dachte mir: „Hätte ich doch so eine Schönheit in meinem Garten. Aber ist es nicht zu kalt bei uns zu Hause?“

Da raunte mir die Pflanze ganz leise zu: „Warum versuchst du es nicht?“

Ich antwortete halblaut: „Du hast ja keine Ahnung, wie rau der Wind selbst im Sommer in Deutschland sein kann. Wir haben weniger Sonne, und es regnet oft.“

„Versuch es doch einfach.“

Nein, sagte ich mir und ging weiter. Zu Hause erfasste mich die Sehnsucht nach der Schönheit und dem Duft der Blume. Der Weg zum nächsten Gartencenter war nicht weit. Die Auswahl an Blumen, auch aus dem sonnigen Süden, war groß. Ich fand, was ich suchte. Eine Bougainvillea mit rosa Blüten. Ich gab ihr den allerschönsten Platz auf unserer Terrasse. In diesem Spätsommer spielte auch das Wetter mit. Viele Sonnentage – extra für meine Blume.

Trotzdem verlor sie im Laufe der Zeit ihre Blüten und später dann auch ihre Blätter. Inzwischen im Winterquartier angekommen, stand sie traurig und blätterlos da. „Siehst du! Ich habe es ja gewusst“, sagte ich zu ihr. Da hörte ich ein leises Raunen: „Sprich mit mir! Sprich mit mir!“

Also nahm ich sie mit ins Wohnzimmer, stellte sie an das große, bodentiefe Fenster an der Südseite und redete mit ihr. Ich erzählte ihr von ihren Schwestern in Spanien an den weißen Häuserfronten, die in der Mittagssonne leuchteten, von den Wolken, die von der Abendsonne in ein rosa Licht getaucht wurden und vom lauen Wind, der ihre Blüten zerzauste. Jeden Tag ging ich zu meiner Blume, redete mit ihr und streichelte dabei ihre Blätter, die langsam wuchsen. Jedes einzelne begrüßte ich freudig und bedankte mich.

Eines Tages war es soweit. Die erste rosa Blüte war da. Zuerst ganz klein, kaum erkennbar, dann immer größer. Viele andere Blüten folgten. Im Sommer schmückte sie wieder unsere Terrasse, im Herbst blühte sie immer noch und freute sich wohl schon auf den Winter im Wohnzimmer und die vielen Geschichten, die ich ihr erzählen würde.

Die Diva

Adelheid wohnt in Saarbrücken in einer kleinen Zweieinhalb-Zimmer-Wohnung im ersten Stock eines Mehrfamilienhauses in einer typischen Bergarbeitersiedlung. Sie ist schon alt, ihr Mann ist vor 15 Jahren gestorben. Seit ein paar Jahren hat sie sich mit ihrem gleichaltrigen Nachbarn angefreundet, der auf der gleichen Etage gegenüber wohnt.

Heute treffe ich mich mit den beiden, um mit ihnen zum Bio-Laden zu fahren. „Hallo“, begrüßt Adelheid mich an der Wohnungstür, „wir trinken vorher noch einen Tee. Sollen wir uns in den Damensalon setzen?“ Irritiert schaue ich mich um. Ich kenne ihre Wohnung, aber einen Damensalon habe ich noch nicht gesehen. Ich warte, bis sie die Teetassen auf den Tisch stellt. Jetzt weiß ich, was sie mit Damensalon meint. Es ist der kleine Durchgangsraum zwischen Schlafzimmer und einem weiteren Raum. Hier ist die Küche, seitlich links steht ein alter niedriger Tisch mit Messingplatte. Ich setze mich in den abgewetzten Sessel und trinke den Kamillentee.

Dann fahren wir. Adelheid rauscht in den Bio-Laden, Gerhard und ich zwei Meter hinter ihr. Der Inhaber begrüßt sie fast mit einem Kniefall. „Zeigen Sie uns doch bitte Ihr Sortiment!“, fordert sie ihn auf. Sie hat vorher mit ihm telefoniert und ihren Besuch angekündigt. Ich weiß nicht, was sie ihm erzählt hat. Ihr Auftritt wirkt jedenfalls auf mich so, als wolle sie den Laden kaufen. Aus ihrer Handtasche zieht sie ein geblümtes Taschentuch und tupft die Stirn. Mit dem Werbeprospekt des Ladens fächelt sie vor ihrer Nase herum. Sie machte immer zu viel Wind. Nach einer Stunde Führung mit dem Inhaber und anschließender Einladung zum Kaffee erklärt sie ihm, dass sie gerne Waren im Wert von etwa zwanzig Euro geliefert haben möchte. Nicht täglich, einmal in der Woche. Sie wohnt etwas außerhalb, mindestens zwölf Kilometer vom Bio-Laden entfernt. Im Kopf addiere und multipliziere ich ein paar Zahlen und staune, dass der Inhaber des Bio-Ladens so gelassen bleibt. Es rechnet sich nicht für ihn. Überhaupt nicht. Ich dränge darauf zu gehen. Adelheid würde ihre Bühne gerne noch eine Stunde genießen.

Zu Hause erklärt sie mir, dass sie heute Abend zum Bridge-Spielen gehe. „Bridge?“, frage ich. „Na ja“, sagt sie, „eigentlich spielen wir Rommé, aber Bridge hört sich besser an.“

Die Geschenkeschublade

Raimund hielt nicht viel vom Schenken, jedenfalls nicht zu jeder Gelegenheit. Zum Geburtstag, das war in Ordnung oder auch zu Weihnachten. Obwohl das schnell in Stress ausarten konnte.

Seine Frau sah das anders. Sie schenkte gerne. Der Nachbar bekam eine Flasche Wein, den er nicht mochte. Der eine Sohn ein weißes Hemd, obwohl er nie weiß trug und Hemden schon gar nicht. Der andere Sohn musste sich über einen selbstgestrickten Pullover freuen, trug aber lieber Sweatshirts, und so ging das weiter. Seine Frau freute sich, dass sie schenken konnte, und die anderen trugen es mit Fassung.

Raimund war vorsichtig. Er wollte niemanden mit seinen Geschenken verpflichten. Niemand sollte sich in der Schuld sehen, etwas wieder ausgleichen zu müssen.

Er hatte zu Hause eine spezielle Schublade. In diese Schublade kam alles, was man ihm schenkte, er aber nicht gebrauchen konnte. „Wegwerfen ist zu schade", sagte er zu seiner Frau. Wenn er irgendwo zum Geburtstag eingeladen war, stöberte er in der Schublade und fand auch gelegentlich etwas Passendes. Manchmal kam er allerdings mit seinem Geschenke-Sammel-Management durcheinander.

Zum Geburtstag seines Freundes suchte er in seinem Geschenkevorrat etwas Passendes. Eine Flasche Weinbrand, dekorativ verpackt in einer Holzkiste, konnte das Richtige sein.

„Die kommt mir bekannt vor“, meinte sein Freund, „ich glaube, die habe ich dir im letzten Jahr zum Geburtstag mitgebracht.“ Es war Raimund etwas peinlich. Sein Freund hatte Recht.

Die Hundekennerin

Es klingelt. Mechthild. Sie sammelt für ein Geburtstagsgeschenk unseres Nachbarn. Heute kommt sie ohne ihren Hund, dafür redet sie aber umso mehr über ihn – und über sich: „Von Hundeerziehung habe ich Ahnung. Ich trainiere ständig mit meinem Hund. Ich weiß genau, was mein Bongo will. Und er versteht alles, was ich sage. Ich war eine Zeit lang sogar mal Hundetrainerin im Verein. Ich kenne mich gut aus mit Hunden."

Eine Woche später mache ich meinen täglichen Spaziergang. Da kommt mir Mechthilds Mann entgegen. Bongo geht brav bei Fuß. Gutmütig schaut er mich an, wedelt mit dem Schwanz. Während wir Männer uns unterhalten, legt Bongo sich vor unsere Füße.

Am Tag danach komme ich vom Spaziergang zurück. Mechthild kommt mir entgegen, mit Bongo an der Leine. Ich freue mich auf ihn. Ich hätte auch gerne einen Hund. In einiger Entfernung beginnt Bongo zu bellen. „Er freut sich. Er hat dich erkannt", meint Mechthild. Ich hatte eher den Eindruck, er hätte mich gern gebissen.

Ein paar Tage später begegnen wir uns auf dem Feldweg. Mechthild hält Bongo ganz kurz. Er steigt böse knurrend und angriffslustig in die Leine. Ob Mechthild wohl wieder sagen wird, „vor Freude"? Ich bin froh, als ich vorbei bin. Wenn ihr Mann mit dem Hund geht, haben wir immer entspannte, friedliche Begegnungen. Als wäre es ein anderer Hund. Auch unsere Nachbarn machen solche Erfahrungen.

Hatte Mechthild nicht gesagt, Bongo verstehe alles, was sie ihm sagt?

Was sagt sie ihm denn dann?

Die Pommesbude

„Ob Geflügel oder Schwein“, rief Alexandra laut. „Webers Bratwurst muss es sein“, riefen die fünf Verkäuferinnen laut im Chor. Alexandra arbeitete in einer Pommesbude mitten in Ulm in der Fußgängerzone. Der Stand war recht groß. Man konnte von allen vier Seiten Bratwurst, Pommes frites, Reibekuchen und vieles mehr kaufen. Am Wochenende oder zu besonderen Stadtfesten mussten sie zu sechst arbeiten, sonst hätten sie es nicht geschafft. Der Stand hatte früher Alexandras Eltern gehört. Die waren schon alt und wollten jetzt ihre Ruhe haben. Hatten sie auch verdient. Sie hatten das Geschäft Alexandra frühzeitig vererbt.

Also musste sie sich kümmern. Das Problem war: Sie wohnte im dreihundert Kilometer entfernten Frankfurt, also fuhr sie jeden Freitag und Samstag und zu besonderen Anlässen mit dem Zug nach Ulm. An den anderen Wochentagen leitete eine Angestellte den Verkauf, die schon seit vielen Jahren für ihre Eltern tätig gewesen war. Ihr Vater organisierte immer noch den Einkauf und schaute hin und wieder nach dem Rechten. Er konnte doch noch nicht loslassen. Er vertraute seiner Tochter, aber schließlich hatte er den Verkauf aufgebaut und über zwanzig Jahre Erfahrung.

Alexandra hatte studiert. Philosophie. Sie war Dr. Alexandra. Ja, sie hatte promoviert. Ihr Mann war Professor und arbeitete an der Frankfurter Uni. Darum wohnte sie auch so weit entfernt von ihrem Elternhaus. Früher hatte sie in der Pommesbude gearbeitet, weil sie ihren Eltern helfen wollte. Natürlich war es auch finanziell interessant gewesen. Das Geschäft florierte. Heute war der Hauptgrund jedoch ein anderer: Frau Dr. Alexandra machte es Spaß. Sie stand gerne hinter der Theke und machte ihre Witze mit den Kunden. Und die Arbeit im Team war toll. Immer etwas los, immer gute Stimmung.

Allerdings am Abend, wenn die Arbeit beendet war, stank sie fürchterlich. Den ganze Tag zusammen mit heißen Fritten, fast kochendem Öl und zischenden Bratwürstchen – das drang bis in die letzte Pore. Sie musste duschen und Haare waschen und die gesamte Kleidung wechseln.

Einmal besuchte ihr Bruder seine Eltern in Ulm und nahm sie auf der Heimfahrt in seinem Auto mit. Zum Duschen war keine Zeit, also sprang sie, so wie sie war, ins Auto. Das war ein Fehler. Ihr Bruder achtete sehr auf sein Äußeres und roch auch gerne gut. Nicht nur nach frischer Seife, sondern auch nach Eau de Cologne.

Das gab Streit.

Distanzlos

In unserer Straße wohnte Marek. Er war Mitte vierzig, hatte ein kleines Häuschen und machte Musik. Er spielte Gitarre und gleichzeitig Mundharmonika. Dazu hatte er sich ein Gestell gebaut, das er sich über die Schultern hängte. Singen konnte er auch, sogar auf Englisch, obwohl er kein Wort Englisch sprach. Ab und zu trat er auf Familienfeiern und kleinen Festlichkeiten auf und verdiente sich etwas Geld hinzu. Wir mochten ihn und er uns auch. Vielleicht mochte er uns ein wenig zu sehr. Wenn er mit mir sprach, kam er so dicht heran, dass seine Nasenspitze meine fast berührte.

Gestern kam er zu uns zum Kaffeetrinken. Ich bat ihn herein: „Hallo Marek, schön, dass du kommst. Ich dachte schon, du müsstest üben für Samstag für die Hochzeit."

„Nein, nein, ich kann schon alles. Ich mache das seit zwanzig Jahren." Dabei klopfte er mir jovial auf die Schulter und war wieder bedrohlich nah. Ich wollte mit ihm ins Wohnzimmer, aber er war schon auf dem Weg in die Küche. Meine Frau hat das nicht so gern. Die Küche ist ihr Reich, und es ist auch nicht immer alles ordentlich aufgeräumt. Marek störte das nicht. Er schaute meiner Frau über die Schulter und fragte: „Was gibt es denn heute für einen Kuchen? Erdbeertorte?" Ich war schon froh, dass er nicht in die Küchenschränke schaute.

Beim Kaffeetrinken kamen wir nicht zu Wort. Marek erzählte von seiner Musik, er redete über seine Arbeit und über Gott und die Welt. Auch von sich selbst verriet er viel. Mehr als wir eigentlich wissen wollten. Als er nach zwei Stunden ging, umarmte er mich. „Mach's gut, alter Kumpel. Halt dich tapfer." Ich wollte das gar nicht, aber was sollte ich machen? Drei Meter zurückspringen? Wahrscheinlich wäre er dann etwas beleidigt gewesen.

Immerhin klopfte ich ihm zum Abschied heute ein paarmal kräftig auf die Schultern. Das konnte ich gut haben und er sowieso!

Ehrlich

„Friedhelm“ – so ließen die jungen Eltern ihren erstgeborenen Sohn taufen. Er hieß so, er war aber kein Friedhelm. Schon in den ersten Lebensjahren zeigte er sich im Sandkasten beim Burgenbauen mit anderen Kindern keineswegs friedlich. Am liebsten zertrampelte er die Burgen der anderen Kinder, kippte ihre kleinen Eimer um und nahm ihnen die bunten Schäufelchen weg. Eine Zeit lang war sein Vater recht stolz auf seinen Sohn. „Friedhelm ist ein starker Charakter“, sagte er. Bis sich diese egozentrische Haltung des Kleinen gegen Vaters Gebote richtete.

„Friedhelm, geh nicht zu nah an das Flussufer!“

„Friedhelm, nicht die Katze am Schwanz ziehen!“

„Friedhelm, sammel deine Spielsachen im Garten auf!“

Friedhelm fiel in den Fluss. Er zog die Katze am Schwanz, weil sie so schön jämmerlich miaute. Und seine Spielsachen blieben im Garten liegen. Konsequenzen wie Spielverbot am Fluss, Spielverbot mit der Katze beeindruckten ihn nicht. Sie stärkten seinen Kampfgeist. Als Friedhelm eingeschult wurde, war er eine Herausforderung für seine Lehrer. Mal verhaute Friedhelm den Hartmut mit dem roten Lockenkopf oder auch umgekehrt. Es war schon ein schwieriges Unterfangen, jeweils herauszufinden, wer begonnen hatte. Meist wurde es ergebnislos eingestellt. Der Verdacht blieb: Es war wohl doch Friedhelm! Nicht selten wurden seine Eltern zum Gespräch in die Schule eingeladen.

„Auf jeden Fall ist Friedhelm hart im Nehmen. Wenn er mal verhauen wurde, hat er sich nie beschwert“, stellte sein Vater auf dem Nachhauseweg fest. „Außerdem petzt er auch nie. Das sind doch beides gute Eigenschaften. Noch etwas fällt mir da ein. Wenn er irgendeinen Unfug angestellt hat, gibt er es auch immer zu. Hat er mal gelogen? – Nein, nie!“ beantwortete der Vater seine eigene Frage. „Er ist ein ehrlicher Kerl. Er lässt sich eben nicht verbiegen. Und das finde ich gut“, fügte er hinzu.

„Jaja, das ist auch wichtig im Leben“, bestätigte Friedhelms Mutter diese Überlegungen.

Ob sie bei dem Verbiegen auch an ihr eigenes Leben dachte?

Eigensinn

„Jez dehe is aber alleine“, meinte der dreijährige Simon und drehte sich auf seinem kleinen Kinderschuhabsatz Größe 26 um. Er ging aus dem Haus, die Türe blieb offen. Die Mutter blieb vor Staunen starr. Er hatte wirklich gesagt: „Jetzt gehe ich aber alleine“! Dreißig Sekunden später: tap – tap – tap – Schuhgröße 26 – ein aufgeregter Simon stand wieder im Flur, schloss eilig die Haustüre hinter sich. „Da daußen is ein dooßer Hund!“

Dieser misslungene Versuch von Selbständigkeit hatte keine nachhaltige Wirkung. So ging er bald alleine spazieren und begegnete Hunden auch ohne Angst. Seine Mutter fand ihn mal im Lebensmittelgeschäft und mal bei einer Nachbarin, die ihm Märchen vorlas. Simon hatte dort schon einen Lieblingsplatz auf einer Holztruhe und ein Lieblingsmärchen: Hans im Glück.

Seine Mutter meinte, Simon brauche viel Beschäftigung. Deshalb fuhr sie montags mit ihm zum Mutter-Kind-Turnen, mittwochs zur musikalischen Früherziehung und freitags zum Schwimmen. Tatsächlich lernte dieses Freiheit liebende Kind schnell schwimmen. Mit zunehmendem Alter vergrößerte sich auch der Radius von Simons selbständigen Ausflügen. Es gab noch mehr Nachbarn. Nicht nur die, die Märchen vorlasen. Eines Tages brachte Heini Sandkuhl den humpelnden Simon nach Hause. „Er ist bei uns auf den Kirschbaum geklettert und runter gefallen. Ist aber nichts passiert, humpelt nur ein bisschen.“ Außer einem verstauchten Fußgelenk gab es nur noch ein paar Kratzer. Sonst nichts. Glück gehabt. Andere Nachbarn hatten Hunde, noch mehr Kletterbäume und Gartenteiche. Nicht nur einmal kam Simon pitschnass nach Hause. Zum Glück konnte er schwimmen. Allerdings waren weder die Eltern, noch die Nachbarn einverstanden mit Simons Eskapaden.

Er kaufte Gummibärchen ohne Geld. Später machte er Kunstsprünge von der Brücke in den Kanal. Seine Kumpel trauten sich höchstens einen Fußsprung zu. Aber auch das war ja verboten. Er fuhr Skateboard ohne Helm. Er fuhr Fahrrad ohne Licht. Er fuhr Auto ohne Führerschein. „Natürlich dieser Simon!“, raunten die Nachbarn. „Jetzt reicht es!“, fanden die Eltern.

„Von mir kann er das nicht haben.“

„Von mir auch nicht, ich war immer angepasst.“

„Am besten wäre für ihn ein soziales Jahr im Ausland.“

Auch Simon fand die Idee gut. Er entschied sich für Südafrika.

Nach diesem Jahr kehrte er noch selbständiger und unabhängiger nach Hause zurück. Aber auch erwachsener. Natürlich eckte er weiterhin mit seiner eigenwilligen Art an. Im Studium. Im Beruf. Letztlich führte es dazu, dass er sich selbständig machte. Als Unternehmer fand er einen idealen Weg, seine kreativen Eigenheiten und seine grenzenlose Energie einzusetzen.

Seine Eltern blickten noch manchmal zurück: „Es hätte auch schiefgehen können!“

Enttäuschung

Hergard stellt die Herdplatte schwächer, die Kartoffeln beginnen gerade zu kochen. Leise klingt Musik aus dem Küchenradio. „Mach mal lauter, die erste Halbzeit ist gleich zu Ende. Hast du gehört, wie es steht?", will Jakob wissen. „Nee, hab ich nicht." Das Radio steht auch nicht wegen der Fußballergebnisse in der Küche, sondern weil Hergard gerne Musik hört. Da meldet sich der Sprecher aus dem Stadion mit einer wohltuenden Nachricht für Jakob. Der HSV führt 1:0. „Perfekt, so kann es weitergehen", freut sich Jakob. „Und was gibt es heute Abend zu essen?"

„Kartoffelsalat mit Würstchen." Hergard holt gerade Mayonnaise, saure Gurken und Wiener Würstchen aus dem Kühlschrank. Sie summt den schwungvollen Abba-Song im Radio mit. Der wird jäh unterbrochen von einem aufgeregten Reporter: „Tooor, Tooor, Tor in Hamburg! Was machen die denn da? Die Innenverteidigung der Hamburger passt nicht auf, und der Ball ist im Tor. Es steht 1:1." Jakob verlässt die Küche. Das war nicht nötig. So was Dummes. Er setzt sich an den Esszimmertisch und löst ein Kreuzworträtsel in der Tageszeitung. Im Küchenradio meldet sich wieder der Reporter. „Die Ecke wird ausgeführt. Da ist er wieder, der hochgewachsene Torjäger ... Er köpft ... und ... Tooor! Tooor! Es steht 1:2." Jakob lässt den Kugelschreiber fallen. „Nee, die verlieren heute doch wohl nicht." Doch! Sie verlieren. 1:2 ist der Endstand des Spiels. Hamburg hat verloren.

„Die Kreuzworträtsel werden auch immer blöder. Wer soll denn so was wissen: Apostel der Grönländer mit fünf Buchstaben! Wann ist das Essen fertig?"

„In einer Viertelstunde. Du kannst schon mal den Tisch decken."

Der Tisch ist gedeckt. Hergard serviert. „Sag mal, wie hast du denn heute den Kartoffelsalat gemacht? Schmeckt ja nicht so gut wie sonst!", meint Jakob. Hergard nimmt eine Gabel voll und lässt ihn auf der Zunge zergehen, um den Geschmack zu prüfen. Sie stellt fest: „Der schmeckt wie immer."

„Finde ich nicht". Jakob stochert auf seinem Teller herum, probiert ein Wiener Würstchen. „Die Wursthaut ist heute auch viel härter als sonst."

„Stopp, jetzt reicht es." Hergard bremst ihn aus. „Der Salat ist wie immer. Die Würstchen sind wie immer. Und das Kreuzworträtsel ist auch wie immer. Nur Hamburg hat nicht gewonnen!"

Für immer jung?

Renate steht vor ihrem blank geputzten großen Badezimmerspiegel. Das helle Licht der Lampe zeigt unbarmherzig das, was sie eigentlich nicht sehen will. Falten um die Lippen, Krähenfüße in den Augenwinkeln. Sind da auch noch braune Altersflecken in ihrem Gesicht? Renate verfügt über ein vielfältiges Sortiment, um das alles nahezu unsichtbar werden zu lassen. Tiegel mit goldenen Schraubdeckeln, schwarz-goldene Tuben, edel gestaltete Flaschen und Lippenstifte stehen auf der Badezimmerablage – fast wie eine geschmackvolle Dekoration. Wenn Renate mit der Gesichtspflege fertig ist, sieht auch ihr Gesicht so aus – fast wie eine geschmackvolle Dekoration. Aber nur fast, denn über Geschmack lässt sich streiten.

Das tut sie auch immer wieder mit ihrem Mann Heiko. Der ist nämlich ein vehementer Vertreter der Natürlichkeit. „Nein, in meinem Alter geht das gar nicht", verteidigt Renate ihre Gesichtspflege. „Meine Augen ohne Wimperntusche? Meine Haut ohne Make-up? Ich sehe ja aus wie eine Schleiereule!" Dieses Nein setzt sie auch durch. Da hat Heiko keine Chance mit seiner Idee von reiner Natur.

Eines Nachmittags macht sich Renate besonders schick, um in die Stadt zu gehen. Sie trägt einen eng anliegenden Rock, farblich passende Schuhe mit hohem Absatz und eine lässig sackartige Handtasche. Alles in derselben Farbe, nämlich so wie ihr Lippenstift: knallrot. Eine Duftwolke von Dior breitet sich im Treppenhaus aus, während sie hinuntergeht.

Es klingelt Sturm. Ah, Julia kommt aus der Schule. „Mama!“ Julias Stimme verrät keine Wiedersehensfreude, sondern eher Entsetzen. „So kannst du nicht gehen. Das kannst du nicht tragen. Dazu bist du doch zu alt!“

Wie gut, dass es Julia war, die ihr das sagte – und nicht ihr Mann, Heiko. Das Urteil einer 17-jährigen Tochter wirkt.

Geduld

Es klingelt an der Haustür. Es ist Sonntag. „Wir erwarten doch niemanden. Wer könnte das sein?“, frage ich meine Frau. Sie ist schon auf dem Weg zur Tür. Ich höre sie sagen: „Das ist ja ein lieber Besuch. Komm herein, Jamila.“ Herein kommt ein dreijähriges dunkelhäutiges Mädchen mit schwarzem, krausem Haar, das zu zwei kleinen Zöpfen geflochten ist. Jamila ist die Enkelin unserer Nachbarn, die dann und wann für ein paar Tage bei den Großeltern zu Besuch ist. Noch nie war sie bisher ohne ihre Oma bei uns. „Das ist ja großartig, dass du uns schon ganz alleine besuchen kommst.“ Die kleine Jamila strahlt uns mit ihren dunklen Augen an. Während sie etwas verlegen ihre Schultern hin und her dreht, lächelt sie verschmitzt. Wir strahlen auch, denn wir fühlen uns geehrt.

Was ist zu tun, damit es Jamila bei uns zwei alten Leuten nicht zu langweilig wird? Frösche gucken. In unserem kleinen Tümpel im Garten leben nämlich vier Frösche, und zurzeit ist das Wasser voller kleiner schwarzer Pünktchen. Hunderte winzige Kaulquappen. Vorsichtig stehen wir drei am Rand und leise versucht Jamila dieses schwierige Wort zu sprechen.

„Kwaulkw … Kwaulkwa … Kwaulka …“

Ist auch egal, wie sie heißen. Auf jeden Fall entstehen daraus echte Frösche.

Da springt gerade ein Frosch aus dem Grasbüschel ins Wasser. Lang gestreckt sieht er ganz dürr aus. Ein anderer will auf ein Seerosenblatt klettern. Nach kurzer Zeit ist das Fröschegucken aber langweilig. Wir gehen ins Haus und suchen ein Bilderbuch. Ganz unten im Regal haben wir noch Bücher von unseren Kindern, die inzwischen erwachsen sind. Aufmerksam verfolgt Jamila die Geschichte vom Hasen mit dem blauen Ohr und entdeckt die winzigsten Kleinigkeiten in den Bildern.

„Wo ist der Hasenvater? Wo ist die Hasenmutter? Wo ist der Hasenkindergarten?“, möchte Jamila weiter wissen. Die Geschichte erzählt es nicht. Und meine Frau gibt Antworten aus dem Land der Fantasie, während sich Jamila weitere Fragen ausdenkt. Ich höre von nebenan: „Wo-ho …? „Wa-has …? Waru-hum …?“ Und frage mich: Wie-hie hält meine Frau das aus?

Beide kommen in die Küche mit Malblock und einer Blechdose voller Buntstifte. Auf dem Papier entsteht eine Gestalt, die einem so auf der Straße nicht begegnet. Der blaue Stift kullert über den Tisch und fällt auf den Boden. Der gelbe gleich hinterher. „Schau mal, wenn du ihn in die Dose legst, kann er nicht runterfallen.“ Klack, klack macht es da. Grün und lila auf dem Boden. Ein neuer Versuch: „Wenn sie runterfallen, geht die bunte Mine im Stift kaputt. Lege sie lieber in die Dose.“ Klack, klack, klack – braun, pink, orange – auf dem Boden. Meine Frau flüstert mir zu: „Sie ist noch so klein!“ Zu Jamila sagt sie: „Ein tolles Bild hast du gemalt. Das könntest du vielleicht der Mama schenken.“

„Nein, das schenke ich lieber …“

Wem könnte Jamila das Bild schenken?

Genießer

Bartholomäus hatte drei Stunden im Garten gearbeitet. „Jetzt ist erst einmal genug“, dachte er und holte den Liegestuhl aus der Gartenlaube. Es war ein außergewöhnlich sonniger Tag im April, und die Tauben in der Esche in Nachbars Garten gurrten. Sie freuten sich über den Frühling. Bartholomäus legte die Füße hoch und spürte die wärmenden Sonnenstrahlen auf seinem Gesicht. Er träumte … und schlief ein.

Nach einer Weile erwachte er. Nachbars Hund bellte. „Warum liegt der Hund nicht auch im Liegestuhl und hält ein kleines Nickerchen?“, dachte Bartholomäus. „Na, sei's drum. Ich steh jetzt auf.“

Er ging in die Küche und machte sich einen Espresso, zum Wachwerden, natürlich in seiner Lieblingstasse mit dem bunten Miró-Muster. Zuerst etwas Eierlikör, dann den Kaffee aus der Maschine laufen lassen und zum Schluss oben drauf einen Klacks Sahne. So war das richtig, genau wie letztes Jahr in Alassio im Urlaub. Die Tasse war nur viel zu schnell leer.

„Vielleicht jetzt noch ein Stück Schokolade“, dachte er. Er hatte ein Fach voller Süßigkeiten in seinem Wohnzimmerschrank. Dort fand er ein paar Pralinen. Das war noch besser als Schokolade. In ganz kleine Stückchen geschnitten, ließ er sie auf der Zunge zergehen.

Durch sein kleines Häuschen am Stadtrand von Magdeburg wehte ein laues Mittelmeerlüftchen.

Gisbert, der Rentner

In den letzten Jahren hatte sich Gisbert auf ein ruhiges Rentnerdasein gefreut, besonders dann, wenn im Büro alles gleichzeitig geschehen war: Er war im Gespräch mit einem Geschäftspartner, seine Sekretärin hatte ein unaufschiebbares Anliegen, sein Chef wollte ihn dringend sprechen und sein Handy klingelte auch noch. Er hatte sich dann immer nach dem Ende dieses stressigen Alltags gesehnt: „Rente – ein Traum", hatte er damals gedacht.

Jetzt war es fast soweit. Es blieben nur noch wenige Tage im Büro. In diesen Tagen zweifelte er manchmal. Ob das Rentnerleben wirklich traumhaft war? In seinen grauen Regalen und in den Schränken sah es schon sehr aufgeräumt aus. Zum Teil auch komplett leergeräumt. Seine Mitarbeiter waren extrem freundlich, sodass Gisbert sich fragte: „War ich so ein guter Chef – oder sind sie froh, dass ich gehe?" Er entschied sich für den ersten Gedanken.

Das Rentnerdasein war gar nicht so schlecht. Gisbert gewöhnte sich rasch daran. Er machte nun viel längere Spaziergänge. Darüber freute sich auch Feldmann, sein schwarzer Riesenschnauzer. Die meiste Zeit verbrachte Gisbert im Garten. Nicht im Liegestuhl. Mit neuen Gartenhandschuhen riss er die saftig grünen Brennnesseln aus, das Franzosenkraut, den Steinklee und die anderen sprießenden Unkräuter. Er schnitt die Hecke, pflanzte Rhododendren und Edelrosen. Meist lag Feldmann faul auf der Wiese, manchmal sprang er auch um Gisbert herum, als wolle er sagen: „Herrchen, wirf mal den Ball oder das Stöckchen!“

„Pause mit Apfelschorle!“, rief Regina und stellte das Tablett auf den Gartentisch. Sie war stolz auf ihren Garten und auf ihren Gärtner, Gisbert. „So schön und gepflegt war unser Garten schon lange nicht mehr.“ Gelobt werden tut gut, dachte Gisbert. Gleichzeitig fühlte er sich zu weiteren Taten aufgefordert. „Ich könnte dir auch mal in der Küche helfen. In dem Küchenschrank rechts unten ist so eine Unordnung. Da könnte ich mal aufräumen. Und die große Küchenschublade auch. Ich zeige dir mal, wie du die besser einräumen kannst.“ Äußerlich war Regina noch nichts anzumerken. Sie trank einen Schluck Apfelschorle. In ihrem Inneren gab es Widerstand. 35 Jahre führte sie diesen Haushalt. Alleine! Jetzt wollte Gisbert ihr ständig sagen, wie man die Dinge besser macht. Regina brachte soeben ihr Inneres und Äußeres wieder ins Gleichgewicht. Sie prostete Gisbert mit der Apfelschorle zu und lachte: „Nein danke, Gisbert. Bleib du mit deinem Kräfteüberschuss im Garten. Da kannst du Chef sein. Unsere Küche verträgt keine zwei Küchenchefs!“

Hektiker

„Wo bleibst du?“, hörte ich Markus am Handy. „Ich bin schon da. Mach schnell!“ Wir hatten uns in der Raststätte verabredet, um einige geschäftliche Dinge zu besprechen. Markus war immer in Eile. Drei Minuten später war ich da. Er saß schon und hatte einen Kaffee vor sich stehen. In Windeseile holte er einen Ordner aus seiner Tasche und zeigte mir die Berechnungen seines Geschäftes in den letzten drei Monaten. Dass ich noch keine Zeit gefunden hatte, mir einen Kaffee zu bestellen, interessierte ihn nicht. „Was sagen dir die Zahlen? Muss ich da was tun? Die drei Monate des Vorjahres waren besser.“ Er sprach sehr schnell und viel, wie immer. Ich konnte gerade noch verstehen, was er meinte.

Auch zu Hause war Markus nicht anders. Wenn er einen Tee kochte, ging alles in Eile. Wasser in den Kessel, Schalter betätigen und schnell in den Nebenraum an den Computer. Man konnte ja die Zeit nutzen, in der das Wasser heiß wurde. Meistens hielt er dabei noch das Telefon ans Ohr und redete schnell und viel, wie immer.

Am letzten Samstag war ich mit ihm in der Eisdiele. Für Oktober ein außergewöhnlicher Tag. Die Sonne schien, fast zwaanzig Grad, kein Wind. Wir saßen draußen. Jetzt noch ein Cappuccino und eine Cassata und man hätte alles richtig genießen können – wäre nicht Markus gewesen. Er saß noch nicht richtig auf dem Stuhl, da zündete er sich schon eine Zigarette an. Und jetzt frohen Herzens genießen – aber nicht Markus. Drei Züge, da klingelte sein Handy. Zigarette ausdrücken, aufspringen und mit dem Handy am Ohr aufgeregt hin- und herlaufen.

Glück für mich. Jetzt konnte ich meinen Cappuccino genießen und von Italien träumen.

Herrschsüchtig

In einem kleinen Dorf im Bayerischen Wald treffen sich jeden Sonntagnachmittag sieben alte Männer zum Kartenspielen, schon seit vielen Jahren. Anselm weiß gar nicht so genau, wie lange schon. Sie spielen Skat an zwei Tischen. Der Siebte muss zuschauen, wechselt sich aber mit den anderen Spielern ab. „Es ist gut einen mehr zu haben, falls mal jemand ausfällt", meint Fred. Fred ist der Organisator. Er ist mit 71 Jahren der jüngste. Einige von ihnen sind schon Witwer, der Skatsonntag ist für sie der Höhepunkt in der Woche. Die Regeln für Skat sind bekannt, aber es gibt doch einige Abweichungen, vor allem im Bayerischen Wald.

Dieter ist neu. Er soll die Lücke auffüllen, weil jemand aus ihrer Runde gestorben ist. Die Sonderregelungen beim Spiel irritieren ihn. „Warum spielen wir nicht nach den allgemeinen Skatregeln?", schlägt er vor. „Allgemeine Skatregeln? Was soll das denn?", fragt Fred, der Organisator. „Wir spielen hier schon immer so. Solange ich lebe, wird hier in unserer Runde nicht anders gespielt."

„Soso", denkt Dieter, „jetzt halte ich lieber den Mund".

Als Fred aussetzen muss, beginnt er laut über seine schmerzenden Knie und die Probleme beim Laufen zu reden. Er hört gar nicht mehr auf. Bis Anselm sagt: „Gestern hatte ich auf einmal Schmerzen an der Seite. Ich ..." Da greift Fred ein: „Schluss jetzt! Wir spielen weiter."

Fred bestimmt nicht nur die Regeln, sondern auch wer wann über Schmerzen reden darf.

Immer spät

Wie leuchtend rot die Sonne heute hinter den Hügeln aufgeht. Der frische Tau glitzert an den Spitzen der Grashalme. Die Amsel auf dem Zaun singt ihr Morgenlied. Es ist ihr Lieblingsplatz. Seit Tagen sitzt sie dort genau zwischen dem Apfelbaum und dem Walnussbaum. Schon merkwürdig, dass sie den alten rostigen Zaun den Zweigen der Bäume vorzieht.

Aber nicht träumen. Es ist halb acht. Chris muss in den Kindergarten gebracht werden. Zum Glück ist heute wenig Verkehr. Die Fahrt verläuft zügig. Fast alle Kinder sind schon da – in der Igelgruppe. Sie malen ihr Morgenbild. Chris ist der letzte. Er freut sich immer auf den Kindergarten. Deshalb ist der Abschied von der eiligen Mama Susanne kein Problem. Wie gut, dass sie hier eine offene Anfangsphase haben, im Gegensatz zu Susannes Büro.

Weiter mit dem Auto durch die Stadt. Susanne hat den Eindruck, alle Ampeln schalten auf Rot, sobald sie nur in ihre Nähe kommt.

Eine Minute nach acht – zeigt ihre Armbanduhr.

Drei Minuten nach – zeigt die Uhr im Büro.

„Guten Mooorgen“, grüßt Susanne in einem übertrieben freundlichen Tonfall, als könnte sie auf diese Weise ihre Kollegen bestechen, die bereits bei der Arbeit sind. Bestechen insofern, als sie ihr ständiges Zu-Spät-Kommen tolerieren. Bastian schaut gar nicht vom Computer auf. Immerhin brummelt er noch: „Morgen.“ Mehr ist nicht von ihm zu erwarten. Susanne glaubt, er könne sie ohnehin nicht leiden. Friederun grüßt immer nett zurück. Sie ist ein guter Kumpel. Sie hat selber zwei Kinder, schon älter als Chris. Sie weiß, wie das ist, Muttersein und Berufstätigsein miteinander zu vereinbaren. Die Männer haben ja keine Ahnung von sowas!

Um drei Uhr ist für Susanne Schluss im Büro. Um vier Uhr spätestens muss sie Chris abholen. Also noch ein bisschen Zeit, um bei Birgit vorbeizufahren. Birgit freut sich über den spontanen Besuch. „Cappuccino?"

„Gerne", sagt Susanne, leider etwas zu früh, denn Birgit löffelt schon das Instant-Pulver in die Tassen. Mit heißem Wasser brüht sie das schaumige, süße und klebrige Kaffeegemisch auf. Genau so mag Susanne ihn gar nicht, das ist kein Cappuccino! Immerhin, das Plaudern mit Birgit ist erfrischend. Sie nimmt das Leben leicht. Von dieser Art kann man sich inspirieren lassen. „Jetzt muss ich aber schnellstens los, Chris abholen." Die Verabschiedung ist abrupt. Die Ampeln schalten wie immer gerade auf Rot. Im Auto zeigt die Uhr fünf nach vier, als Susanne vor dem Kindergarten parkt. Die Erzieherin steht mit Chris bereits am Tor. Kein anderes Kind ist mehr da. Keine Freundlichkeit mehr im Minenspiel der Erzieherin. Das „Bis Morgen" klingt unterkühlt.

Morgen wird es anders, nimmt sich Susanne vor.

Ob es gelingt?

Keine Zeit

„Heute Abend treffen wir uns auf diesem Parkplatz um 18 Uhr. Merken Sie sich gut, wie unser Bus aussieht. Ich wünsche Ihnen einen schönen Aufenthalt in dieser sehenswerten Stadt. Viel Spaß – und seien Sie bitte pünktlich um 18 Uhr wieder hier!“ So verabschiedete sich der Busfahrer von den Reisenden.

Da standen wir nun auf dem Parkplatz, meine Freundin Katharina und ich. Ich den Stadtplan in der Hand, sie den kleinen Marco Polo-Reiseführer. Ehe ich mich versah, war Katharina schon zehn Meter weiter. „Komm, wir müssen die Zeit nutzen. Zuerst mal schnell ins Museum.“ Ich trug zwar auch bequeme Schuhe, aber so schnell wie sie mit ihren blau-weißen Turnschuhen war ich nicht. Vor dem Museum hieß es warten, Schlange stehen. Das nervte. Katharina legte Geschick an den Tag, sich in dieser Schlange auf eine besondere Art fortzubewegen. Unversehens waren die Menschen, die eben noch vor uns standen, etliche Meter hinter uns. Mir war es peinlich. Ihr nicht. „Sonst schaffen wir heute nicht alles.“ Das protestierende Gemurmel hinter uns beachtete sie überhaupt nicht. Wir hechelten durch das Museum. Mir war es recht. Ich hatte ohnehin keine Ahnung von Kunst.

„Um 12.30 Uhr ist die Führung im Dom.“ Katharinas Gangart ähnelte einem Galopp mit federnden Turnschuhen. Ich galoppierte hinterher. Geschafft. 12.30 Uhr die Führung im Dom. Eindrucksvoll. Ich hatte allerdings auch keine Ahnung von Geschichte. Ich erwischte mich immer wieder dabei, die Schuld dafür meinem schlechten Geschichtslehrer zu geben. Vielleicht war ich ja auch ein wenig daran beteiligt! All die Informationen über Stilrichtungen, Künstler und Jahreszahlen konnte ich mir einfach nicht merken. Katharina schon, denn ihr Gehirn war kunsthistorisch vorgebildet und gut vernetzt. Sie blätterte eifrig in ihrem Marco Polo. Ich versuchte ihrem Wissensdrang und ihrer Eile eine Pause zu verschaffen. Mir auch. „Sollen wir uns vielleicht mal in ein Café setzen?"

„Nee, das geht gar nicht. Keine Zeit. Los, wir wollen doch noch mit dem roten Stadtbus fahren und an der Oper aussteigen. Sieh mal, da hinten ist eine Haltestelle." Eigentlich hätte es mir klar sein können, Stadtbesichtigungen mit Katharina waren harte Arbeit. In Katharinas Eiltempo erreichten wir die Haltestelle. Rein in den roten Städtetour-Bus. Endlich sitzen. Aus meinem Rucksack holte ich die Flasche mit dem Mineralwasser und die Müsliriegel. Das war die Alternative zu Kaffee und Kuchen, wenn man mit Katharina unterwegs war. Ich hätte es wissen müssen!

Klugscheißer

Großes Hallo im Café. Die Schachspieler treffen sich. „Ruhig“, ruft einer, „da vorn spielen schon zwei.“ Lothar setzt sich zu den beiden an den Tisch und schaut zu. Er spielt nicht so gerne selber, lieber gibt er schlaue Kommentare. „Wenn du jetzt den Bauern nach c6 gezogen hättest, wäre das besser gewesen. Aljechin hat das 1986 bei der Weltmeisterschaft auch so gemacht.“ Die beiden Spieler lassen sich nichts anmerken und spielen einfach weiter. Sie kennen Lothar. Aber der merkt nicht, dass hier keiner seine schlauen Bemerkungen hören will. „Jetzt musst du den Springer opfern.“ Es geht noch eine Weile so weiter, bis es den beiden zu viel wird. „Du musst gleich gegen den Sieger aus dieser Partie spielen.“ Lieber nicht, denkt Lothar und geht schnell ein paar Tische weiter. Dort sitzt ein alter Bekannter und wartet, dass an einem der Schachbretter ein Platz frei wird. Mit ihm unterhält er sich oft über Gesundheit. Lothars Physiotherapeut ist immer der Beste. Lothars Arzt ist auch besser als alle anderen. Und manchmal ist Lothar sogar noch besser als sein Arzt. „Ich wusste, dass ich eine Mittelohrentzündung hatte. Und der Doktor wusste es erst drei Tage später.“

Vom Nachbartisch mischt sich jemand ins Gespräch ein. „Ich weiß noch ein Mittel bei Halsentzündung: Eis essen. Und das ist richtig gut in der Eisdiele in Eggerode. Da war ich gestern und habe Cap …, Capu … ?“

Lothar hilft ihm: „Cappuccino meinst du!“

„Klugscheißer!“

Loslassen

Ein hübsches Kind, denken die Eltern. Ihre Tochter steht vor einem Spiegel und bewundert sich in einem trägerlosen, taubenblauen Cocktailkleid mit dezent verteilten Swarovski-Steinen. Ihr blondes Haar liegt auf dem leicht gebräunten Rücken. Christin ist 18 Jahre alt. In wenigen Monaten wird sie Abitur machen, wahrscheinlich mit einem guten Notendurchschnitt. Ihre Eltern sind stolz. „Das Kleid ist einfach genial. Das und kein anderes möchte ich haben." Sie schaut ihren Vater mit einem verführerischen Augenaufschlag an. Die Mutter mahnt: „Das sprengt unseren Rahmen. Ein derart teures Kleid habe ich im ganzen Leben noch nicht gehabt." Das stimmt. Das Kleid ist sündhaft teuer. Wahrscheinlich auch, weil sie sich in einem sündhaft teuren Geschäft in New York befinden. Diesen New York-Urlaub mit Christin haben die Eltern gemacht, weil es vielleicht der letzte gemeinsame Urlaub sein könnte. Nach dem Abitur wird Christin mit dem Studium beginnen. Ob preiswerter oder teurer, kein anderes Kleid ist so wunderschön wie das taubenblaue, denkt Christin. Aber leider fliegen sie zurück nach Deutschland ohne das Abi-Kleid im Koffer.

Zu Hause suchen Mutter und Tochter weiter, zunächst mit viel Spaß beim gemeinsamen Bummel durch die Stadt. Mit der Zeit lässt das aber nach. Sie finden kein Kleid, das Christin gefällt. Mutter wird etwas ungeduldig: „Jetzt haben wir so viel gesehen, aber alles ist dir nicht recht. Das Dunkelblaue passte dir und stand dir gut. Das hellrote gefiel mir auch." Und jetzt mit einem leicht strengen Unterton: „Christin, entscheide dich bitte!" Ihre Tochter ist in Gedanken immer noch in New York bei dem Taubenblauen.

Vielleicht sucht Christin heute immer noch.

Missverständnis

Maria hörte nur Bruchstücke des Ganzen. „Wie schön! … Ich? Ja, gerne. … Und wann? … Das trage ich sofort in meinen Kalender ein. … Natürlich habe ich Zeit. … Ich freue mich für euch.“

Als Maximilian das Telefongespräch beendet hatte, vervollständigte er für Maria den Inhalt zu einem Ganzen. „Stell dir vor, Thomas und Anja heiraten im September – und ich bin Trauzeuge.“

Als Maria und Maximilian in ihren Studentenkleiderschrank schauten, wussten sie, dass da noch etwas geschehen musste. Entweder investieren oder ausleihen. Die Kombination von beidem war die Lösung. Maximilian kaufte sich Anzug und Krawatte. Maria meinte: „Ich kann mein geblümtes Kleid tragen. Dazu leihe ich mir den blauen Bolero von meiner Freundin und ihre blauen Schuhe mit den hohen Absätzen. Das sieht bestimmt gut aus.“ Gewöhnlich trug sie bequeme Schuhe. Aber zu so einem Anlass musste es schon etwas Elegantes sein.

September. Vor dem Standesamt war leider kein Parkplatz frei, darum suchten sie nach einer anderen Möglichkeit in der Nähe. Weil ihnen die Stadt fremd war, gelang das nicht perfekt. Sie mussten länger laufen, als ihnen lieb war. Die geliehenen Schuhe waren zwar elegant, aber keineswegs bequem. Besonders der rechte Fuß schmerzte. Wahrscheinlich entstand dort schon eine Blase. Maximilian versuchte Maria zu beruhigen: „Es kann von hier nicht mehr allzu weit sein." Etwas später musste er jedoch eingestehen, dass er die Orientierung verloren hatte. Also liefen sie weiter, schauten an jeder Ecke nach oben auf die Straßennamen, die ihnen natürlich in dieser fremden Stadt nichts sagten. Maria beneidete Maximilian um seine Schuhe. Jetzt begann es auch noch zu nieseln, und Wind kam auf. Marias Frisur. Und ihre Füße. Ihr Gang veränderte sich, aber auch ihr Gesichtsausdruck. Gequält sah sie aus, Tränen liefen über ihre Wangen. „Was ist los?", fragte Maximilian erschrocken. Maria zeigte auf ihre Schuhe. Und Maximilian wusste, jetzt musste Schluss sein mit seinem ehrgeizigen Bemühen, den Weg alleine zu finden. Ein älterer Herr, der wegen des Windes seinen Hut festhalten musste, kam ihnen entgegen. „Können Sie uns den kürzesten Weg zum Standesamt zeigen?" Er konnte. Es war wirklich nicht mehr weit. Dann schaute der Mann in Marias Tränengesicht und wurde ernst. „Eines möchte ich Ihnen noch sagen, junge Frau. Tun Sie es nicht, wenn Sie sich nicht ganz sicher sind! Eine Heirat muss gut überlegt sein!" Maria und Maximilian schauten sich an und grinsten. Nachdem sie um die nächste Ecke abgebogen waren, blieben sie stehen und schüttelten sich vor Lachen. Das Standesamt in Sichtweite und der Wind von hinten machte alles leichter.

Thomas und Anja sind heute dreißig Jahre verheiratet, Maria und Maximilian auch. Schuhe mit hohen Absätzen hat Maria nie mehr getragen.

Musikfreunde

Der Schlüssel dreht sich im Schloss der Haustür. Emil kommt nach Hause. Warum pfeift er den River-Kwai-Marsch? Mit einem großen Paket unter dem Arm kommt er in die Küche. Seine Frau Christa und die beiden Kinder schauen zu, wie Emil auf dem Küchentisch auspackt. Der kleine Jürgen ist besonders gespannt. „Ist da ein Hamster drin?“ Seit langer Zeit wünscht er sich nämlich ein kleines Haustier. „Quatsch!“ belehrt ihn seine ältere Schwester. Sie ist es gewohnt, die Dinge besser zu durchschauen als ihr kleiner Bruder. Sie ist fünf Jahre älter und reagiert ihm gegenüber immer sehr direkt. „Papa packt doch keinen Hamster in so eine Kiste.“

Und schon steht das neue Teil auf dem Küchentisch. Während Jürgen noch rätselt, übernimmt die Schwester die gewohnte Rolle. „Mensch, das ist doch ein Plattenspieler!“ So etwas Modernes haben die Nachbarn noch nicht. Im Wohnzimmer wird das neue Gerät eingeweiht. Alle lauschen, während sich unter dem Plattenarm die Schelllackplatte mit ihren feinen Rillen dreht. Die Nadel kratzt nur ein wenig. Nichts – kein Ton … doch jetzt: „Ganz Paris träumt von der Liebe, denn dort ist sie ja zu Haus …“ Gebannt hören und schauen sie zu. „Nochmal!“ bettelt Jürgen. Es gibt noch eine zweite Platte, die Vater gekauft hat. „In Yukatan, in Yukatan, in Yukatan, tan, tan, tan, tanz mit mir …“ schallt es durch das Wohnzimmer. Jürgen tanzt mit seiner Schwester dazu. Auch Christa und Emil lassen sich von der Tanzfreude anstecken. Von nun an bettelt Jürgen täglich darum, die schöne Musik vom Plattenspieler zu hören.

Gelegentlich, wenn Christa in die Stadt fährt, bringt sie auch Schallplatten mit: die Moldau von Smetana, den Liebestraum von Liszt, das Forellenquintett von Schubert … . So wachsen Jürgen und seine Schwester in einem Haushalt auf, angeregt von doch recht unterschiedlichen Musikrichtungen.

Mit 17 Jahren spielt Jürgen Schlagzeug. Er ist gut. Er lässt sich die Haare wachsen und gründet seine eigene Band. In seinem Partykeller hört man: „She loves you, yeah, yeah, yeah …“

Nach vorne schauen

Elsa und ihr Mann Knut sind inzwischen Rentner und haben ein kleines Haus am Rande der Stadt gefunden, recht ländlich gelegen, umgeben von Feldern. Man braucht im Alter den Trubel der Stadt nicht mehr. Stundenlanges zielloses Bummeln durch irgendwelche Geschäfte, nur um zu konsumieren, schon gar nicht. Die Töchter Julia und Anna-Lena wohnen längst nicht mehr zu Hause.

Nur noch wenige Tage bis zum Umzugstermin. Elsa steht mitten im Keller ihres alten Hauses. Ihr Blick wandert von den halb leeren Regalen zu den Umzugskartons, die wie eine kleine Wagenburg um sie herum aufgereiht sind. Seit Wochen räumt sie im ganzen Haus herum. Mehrmals ist sie schon mit ihrem Kombi voll beladen ins Sozialkaufhaus gefahren und hat Kisten angefüllt mit dem Überfluss aus ihren Schubladen, Regalen und Schränken dort abgegeben. „Vielleicht freut sich noch jemand darüber." Mit diesem Gedanken fällt es ihr leichter, sich von den Dingen zu trennen, die sie selbst einmal mit gutem Geschmack ausgesucht hat. Manchmal mit einer Form von Liebe, die es bekanntermaßen auch zum Materiellen gibt.

Heute möchte sie sich gar nicht von dem trennen, was sie findet. Diese Schäfchen und das Eselchen hat sie selbst für Julia und Anna-Lena gestrickt. Ein zarter Schafswollengel mit Goldbändchen. Das stammt alles noch aus der Kindergartenzeit. Eine Zwergensammlung aus Holz. Die hat Knut gesägt, gefeilt und geschnitzt. Damals. Zwei alte

Blockflöten. Die Tenorflöte mit der beschädigten Metallklappe für das tiefe C. Die hat Anna-Lena auf der Treppe fallen lassen. Und hier Julias Klassenfoto, dritte oder vierte Klasse. Das ist so groß, dass es nicht einmal in ein Fotoalbum passt. Elsas Blick wird etwas unklar und verschwommen. Ja, manchmal wird sie beim Packen auch wehmütig. Tempo-Taschentuch – Nase putzen. Kann die Nase weinen? Vielleicht! Weiter geht's!

Alte Schreibhefte, krakelig gemalte Bilder mit Wachsmalstiften, zwei Brillen für die Sonnenfinsternis. In welchem Jahr die war, daran kann sich Elsa nicht erinnern. Plötzlich sind ihre trübsinnigen Gedanken verschwunden. All die Sachen aus der Kindergarten- und Schulzeit ihrer Töchter packt Elsa in den alten hellen Lederkoffer ihres Vaters. Eines Tages, zu Ostern, zu Pfingsten oder zu einem Geburtstag, wenn sich alle im neuen Haus treffen, können Julia und Anna-Lena diesen Koffer auspacken – den Koffer voller Erinnerungen.

Opa, mein Held

Es gibt Menschen, die sind Draufgänger beim Motorradfahren, gehen auf die Jagd, schwimmen im Meer weit hinaus oder besteigen den Kilimandscharo. Ludwig ist einer von denen. Wenn er erzählt, bewundern ihn nicht alle Zuhörer, aber sein kleiner Enkel Marcel. „Opa, erzähl noch mehr!" Marcel kann nie genug kriegen. Er hält seinen Opa für einen Helden.

Dieser Held hat aber eine ganz empfindliche Stelle: Angst vor Husten und Schnupfen. Er tut alles, um eine Infektion zu vermeiden. Er wäscht sich häufig die Hände, was ja eigentlich gar nicht so schlecht ist. Er sprüht in seinen Räumen Desinfektionsmittel in die Luft und an die Türgriffe. Er lädt Besucher, die erkältet sind, wieder aus und besucht selber niemanden, der verschnupft ist. „Dann sehen wir uns lieber später mal, wenn du wieder gesund bist", so verschiebt er solche Termine. Wenn es ihn dann doch einmal erwischt, also wenn es mal im Hals kratzt oder er eine rote Schnupfnase hat, breitet sich im ganzen Haus der Geruch von ätherischen Ölen aus. Mit einem Handtuch über dem Kopf steht Ludwig am Herd. Im Kochtopf brodelt Wasser mit Eukalyptus- und Teebaumöl. Er inhaliert und reibt sich mit Balsam ein. Auch seine Frau erhält dann den Spezialauftrag: „Kauf auf dem Markt ein Suppenhuhn und reichlich Obst und Gemüse!" Mit all diesen Maßnahmen wird er wirklich immer in wenigen Tagen seine Erkältung los.

Es ist Dienstagmittag. An der Haustüre schellt es Sturm. „Marcel, das ist ja eine Überraschung!" Lothar ist immer ganz glücklich, wenn sein Enkel zu Besuch kommt. Marcel lässt seinen Tornister mitten im Flur fallen, springt in Opas Arme und küsst ihn. „Opa, ich bin ganz doll erkältet." Marcel hustet, nimmt ein Taschentuch und schnäuzt kräftig. „Du Armer", bedauert ihn sein Opa. Sie essen gemeinsam eine gesunde Gemüsesuppe und Obstsalat als Nachspeise. Opa braucht heute kein Desinfektionsspray.

Warum wohl?

Pedantisch oder großzügig?

„Jetzt geht das schon wieder los." Almut schließt das Küchenfenster und stöhnt: „Das muss doch nicht zwei Mal in der Woche sein." Im Garten nebenan brummt mal wieder der Rasenmäher. „Karl hat nicht ein einziges Gänseblümchen oder einen Löwenzahn in seinem feinen Rasen." Hugo nimmt den Unterton sofort wahr. „Ja, so ist der Karl eben – ein komischer Kauz. Der poliert auch sein Auto jede Woche. Außerdem wagt sein Kirschlorbeer nicht mehr zu wachsen. Er verpasst ihm sofort einen ganz kurzen Schnitt – am liebsten mit der Nagelschere." Almut und Hugo sind sich in dieser Angelegenheit sehr einig.

Eine Stunde später klopft es an der Terrassentür. Da steht Karl mit einem Eimer. „Könnt ihr Pflaumen gebrauchen? Habe sie gerade gepflückt."

„Danke, gern." Almut nimmt den Eimer und probiert sofort eine. „Hmm, nicht zu sauer, schön süß." Sie nimmt die zweite und Karl versichert: „Kannst so reinbeißen. Sie sind dieses Jahr ganz ohne Würmer. Übrigens, dein Mann suchte gestern eine Gewindestange. Schick ihn mal rüber. Ich habe jede Menge im Keller. Bestimmt ist die Richtige dabei! Er kann kommen, wann er will."

Die passende Gewindestange ist dabei. Hugo trägt sie in der linken Hand, in der rechten einen verstaubten Werkzeugkoffer. „Sieh mal, Almut, den hat er mir geschenkt. Ja, so ist er eben auch, der Karl!"

Radieschen

„Der Gartenschlauch liegt wieder mitten auf der Wiese. Roll ihn mal bitte auf!" Beate ärgert sich, wenn Victor den Schlauch morgens liegen lässt. Jeden Morgen macht er seine kalten Kniegüsse im Garten – wie es Pfarrer Kneipp empfiehlt. Danach watet er ein paar Runden barfuß durch das Gras und über den Kiesweg. Alles für ein gesundes Immunsystem. Vor dem Frühstück trinkt er warmes Wasser. Soll auch gesund sein – sagen die Chinesen. In der Küche brodelt die Kaffeemaschine. Es riecht gut, findet er, aber er verzichtet auf Kaffee. Während Beate zum Frühstück den Kaffee genießt, dampft in seiner Tasse der grüne Tee, der natürlich mit 80 Grad heißem Wasser aufgebrüht wird. „Magst du heute auch mal ein Brötchen?" Die Krümel von Beates Brötchen landen beim Durchschneiden nicht nur auf ihrem Teller. Victor beobachtet das etwas mürrisch. „Nein, du weißt doch, ich esse keinen Weizen." Er schneidet eine Scheibe vom Roggenbrot ab. Das isst er täglich mit Butter und Radieschen. Diese Gewohnheit führte in einer abendlichen Weinrunde – mit Bio-Wein natürlich – zu kreativen Scherzen und zu seinem Spitznamen „Radieschen". Victor konnte mitlachen und kann es heute noch. Irgendwie gefällt ihm dieser Name auch. Er hat Humor.

„In der Zeitung ist wieder ein ausführlicher Artikel über Vitamin C. Es soll hochdosiert doch gesund sein." Victor kennt sich aus mit Nahrungsergänzungsmitteln. Es gibt eine eigens dafür eingerichtete Schublade. „Dass du da noch durchblickst“, wundert sich Beate.

Victor hat den Durchblick. Er weiß genau, was er vor dem Essen, zum Essen und nach dem Essen nehmen muss – und wie viel. Außerdem ernährt er sich gesund. Keine Wurst, selten Fleisch, einmal die Woche Fisch und viel Obst und Gemüse – und Radieschen natürlich. In der Zeitung liegt ein Prospekt vom Lebensmittelladen. „Beate, guck mal! Das sind aber gute Preise, lauter Sonderangebote: Lakritz, Trüffelpralinen und mein Lieblingseis! Das kaufen wir uns.“

Victor holt sein Fahrrad aus der Garage. Der Einkaufsbeutel – aus Baumwolle – hängt am Lenker. Los geht es. Beate schaut ihm hinterher. Sie kennt Victors Schwachpunkt, da vergisst er mal seine Prinzipien. Und das ist auch gut so!

Räuspern

Ruth stellte ihre grüne Strohtasche auf den Küchenstuhl. „Ich war bei coop und habe für das Wochenende eingekauft. Rinderrouladen, Rosenkohl und gekochten Schinken und Eier. Und hier etwas für dich.“ Ruth fischte zwei Groschenromane aus ihrer Einkaufstasche. Der neue „Bergdoktor“ und die „Küstenwache“. Beides las Günter gerne. Die Berge und die Küste waren seine Lieblingsreiseziele. Während Ruth noch dastand und ein Lob erwartete, las Günter schon die Zusammenfassung auf der Rückseite der Küstenwache. „Tja, so ist das eben“, dachte sie und räumte die Lebensmittel in den Kühlschrank. „Hättest auch mal danke sagen können“, beschwerte sie sich ein wenig später. Günter hüstelte. „Du weißt doch, dass ich mich freue.“ Noch einmal räusperte er sich, statt sich zu bedanken. An dieser Stelle konnte Ruth sein Räuspern übersetzen. Räuspern hieß: „Es ist mir peinlich.“ Günter saß weiter in seinem alten abgewetzten Lieblingssessel. Vertieft in die Küstenwache. Ruth fegte die Küche. Räuspern im Sessel. Ruth konnte es wieder übersetzen. Räuspern hieß jetzt: „Es ist spannend. Jetzt wurde gerade aus dem Räuspern ein Hüsteln. „Na, ist deine Lektüre aufregend?“

„Und wie! Die verfolgen gerade ein Schiff bei Sturm und hohem Seegang.“ Der Höhepunkt der Spannung war jetzt wohl überschritten. Das Hüsteln und Räuspern wurde weniger. Wind und Wellen wahrscheinlich auch – bei der Küstenwache.

Alle vierzehn Tage besuchten die beiden Günters Mutter. Auch Günters Schwester kam mit ihren Kindern. Heute gab es Schweinebraten mit Rotkohl und Kartoffeln. Die Kinder aßen am liebsten nur Kartoffeln und Soße. Darüber freute sich Günter, da für ihn dann die Portion Schweinebraten größer ausfiel. Nach dem Essen spielten sie Gesellschaftsspiele. Fang den Hut, Mensch ärgere dich nicht, manchmal auch Mau-Mau. Beim Mau-Mau hatte Günter kein gutes Blatt. Räuspern, Hüsteln. Jetzt musste er noch zwei Karten nehmen. Räuspern, Husten. „Du hast aber einen dollen Husten", sagte die kleine Nichte. „Willst du ein Wick-Bonbon?"

„Nein, danke, ich hab' keinen Husten." Das klang ein bisschen mürrisch. „Lass den Günter mal!" meinte seine Mutter. „Unser Opa hat auch immer so gehüstelt. Das hat Günter geerbt."

Tja, wenn das so ist!

Rudi Raucher

Holz stapeln, Sträucher schneiden, Unkraut jäten, Maulwurfshügel glätten. Hannes wischte sich den Schweiß von der Stirn mit seinem karierten Taschentuch. Und jetzt das Gestrüpp noch in die braune Mülltonne.

Während Hannes seinen Garten in Ordnung brachte, saß Rudi nebenan auf seiner Terrasse, trank ein Bier und rauchte. Wie immer. Rudis Garten war so ziemlich das Gegenteil von dem seines Nachbarn. Das Brennholz stapelte sich auf einem Haufen hinter der Gartenhütte. Die grüne Abdeckplane war zwar mit dicken Steinen beschwert, aber die Ecken der Plane flatterten bei viel Wind und machten mächtig Lärm. Die Obstbäume wurden nie beschnitten, die Kieswege harkte er selten, und das Unkraut bedeckte er einfach mit Mulch. Das war's. Das reichte für Rudis Gartenpflege. Er saß lieber auf seiner Terrasse und rauchte eine Zigarette nach der anderen. Ja, er war Kettenraucher.

„Seine Brennnesseln wachsen unter dem Zaun durch bis auf mein Grundstück", regte sich Hannes manchmal auf, „und wenn das Unkraut blüht, fliegen die Samen auch zu mir herüber. Statt zu rauchen soll er lieber mal im Garten arbeiten." Gerade er, als überzeugter Nichtraucher, hielt nicht viel von seinem rauchenden Nachbarn. Er hatte sich abgewöhnt, Rudi zu besuchen. Eine Zumutung, dieser Zigarettenmief, die vom Rauch gelben Gardinen, die vergilbten Türen und die schmierigen Lichtschalter. Hannes war genau wie Rudi alleinstehend. Manchmal dachte er, das sei die einzige Gemeinsamkeit.

Aber nein, das wäre ungerecht. Gespräche über Politik und Wirtschaft waren mit Rudi immer interessant. Auch die Partien Schach. Dumm war er nicht, der Rudi. Hannes legte jedoch Wert darauf, dass die Treffen in seinem Haus stattfanden. „Auf jeden Fall bei mir. Bei mir wird nicht geraucht." Das setzte Hannes durch. Rudi hielt sich daran. Zwischendurch verschwand er manchmal. Nicht zur Toilette.

Auf der Terrasse, da stand ein Aschenbecher für ihn.

Sammelleidenschaft

„Die Susanne, die hat eine riesige Sammlung von Porzellanfiguren. Das könnt ihr euch nicht vorstellen.“

„Aber die wären mir viel zu kitschig. Die möchte ich gar nicht haben.“

Tratsch und Klatsch über andere gelingen am besten, wenn sie nicht dabei sind. Und Susanne war heute nicht in unserer Runde. Und tratschen wollten wir schon gar nicht. Eigentlich. Zum Glück gelang uns die Wende. Wir besannen uns auf unsere eigenen Sammlungen. „Wenn ihr in meinem Schrank das viele Geschirr sehen würdet …“, gestand Martina.

„Ich habe eine Schwäche für Tischdecken. Immer wieder finde ich eine schicke neue, obwohl meine Kommode voll ist.“

„Und ich kaufe dauernd Handtücher in allen möglichen Farben.“

So fiel jedem von uns peinlich berührt einiges ein, das er im Überfluss hortete. Gläser, Servietten, Übertöpfe, Christbaumkugeln. T-Shirts, Schuhe und Handtaschen gehörten natürlich auch dazu.

„In der Stadt gibt es seit einigen Monaten ein Sozialkaufhaus. Ich habe gehört, die freuen sich über alles, was man ihnen bringt. Wir könnten doch beim nächsten Treffen alle …“ Hanna brauchte ihren Satz gar nicht zu beenden.

„Das ist eine richtig gute Idee. Jeder von uns sortiert

aus seiner Sammlung etwas aus. Wir legen es zusammen in Körbe und bringen es ins Sozialkaufhaus."

„Erst danach machen wir unseren Kaffeeklatsch."

„Einverstanden, so wird es gemacht."

Wir erzählten Susanne davon. Natürlich machte sie auch mit.

Segeln

Ich bin Finanzbeamter und verbringe meinen Arbeitstag fast ausschließlich hinter dem Schreibtisch. Zahlenkolonnen erstellen, Akten studieren, Formulare ausfüllen. Das ist mein Alltag. Darum brauche ich einen Ausgleich und habe ihn auch gefunden: Das Segeln. Vor ein paar Jahren habe ich mir eine neun Meter lange, alte, holländische Stahlyacht gekauft und verbringe fast jedes Wochenende am Ijsselmeer.

Heute ist Freitag. Bürotür zu, ab nach Hause und die Segelsachen packen. Zusammen mit drei Freunden mache ich eine Woche Urlaub. Eine ganze Woche! Im Hafen hat jeder seine Aufgabe. Wir sind ein eingespieltes Team. Bertram geht ins Vorschiff und öffnet das Luk. Wir reichen ihm das Gepäck und die Lebensmittel an. Verstaut wird später. Hauptsache schnell die Leinen los. Der Wetterbericht ist günstig. Leichte Winde sind vorhergesagt. England ist unser Ziel.

Wir fahren aus dem Hafen, ich am Ruder, einer am Groß-, einer am Vorsegel, Bertram an der Winsch. Die Segel stehen. Motor aus. Diese plötzlich einsetzende Stille – nur noch Wellenplätschern vorn am Bug und das leise Säuseln des Windes. – Jetzt weißt du, du hast es geschafft. Kein Telefon, niemand kommt ins Büro gestürmt: „Herr Homann, können Sie bitte …“, und kein Termin bestimmt deinen Tagesablauf.

Am nächsten Tag sind wir auf der Nordsee. Nachmittags schläft der Wind ein. Wir müssten den Motor starten, um weiterzukommen. Machen wir aber nicht. Wir lassen uns einfach treiben, legen die Füße hoch und schauen uns um. Da ist nichts zu sehen: kein Land, kein anderes Schiff, kein Leuchtturm – nur Wasser, blauer Himmel und ein paar Wolken. – Genau so wollten wir es haben. Ich gehe nach unten in die Pantry und mache uns einen Kaffee. Mitten auf dem Meer, du sitzt im Cockpit deiner Segelyacht und trinkst einen Kaffee – das ist noch schöner als in der Eisdiele. Am frühen Abend, als wir genug genossen haben, starten wir dann doch den Motor, Kurs englische Südküste.

Die Nacht ist sternenklar. Gegen Morgen zieht Nebel auf. Wir sind jetzt vor der belgischen Küste. Die Sicht wird immer schlechter. Vielleicht fahren wir in den nächsten Hafen. Bertram steht am Ruder. Er hat eine Decke um seine Schultern gehängt, weil es ihm kalt ist.

Plötzlich rumst es. Ich springe schnell nach oben und sehe gerade noch im Nebel eine Tonne hinter uns verschwinden. Bertram hatte wohl ein wenig geschlafen. Jetzt ist er wieder wach. Wir heben die Bodenbretter hoch, um zu sehen, ob wir ein Leck haben. Zum Glück ist alles trocken.

Im Hafen von Ostende bereiten wir uns auf den Landgang vor. Ich habe meine Koje im Vorschiff, darunter ist Stauraum. Als ich den Deckel hochhebe, traue ich meinen Augen nicht – meine Bootsschuhe schwimmen. Der Stauraum unter meiner Koje ist voll Wasser. Also haben wir doch ein Leck. Kein Landgang. Schiff mit dem Kran hochhieven, das Wasser ablaufen lassen und den Schaden beheben. Bis schließlich alles fertig ist, haben wir zwei Tage verloren.

Dann segeln wir wieder. Nicht nach England, zurück nach Lemmer. Die Realität hat uns eingeholt.

Selbstmitleid

„Immer ich!“, stöhnte Sigurd, spuckte den Kirschkern in seine Hand und ließ ihn auf den Kuchenteller fallen. Er hätte sich gewünscht, dass der kleine Kern beim Auf-den-Teller-Fallen etwas mehr Lärm gemacht hätte. Aber immerhin, Bettina wurde aufmerksam und hörte ihm zu. „Immer bekomme ich die Kirschkerne, die im Kuchen sind!“

„Na und? Ist doch nicht so schlimm!“ Offensichtlich konnte sie seinen Ärger nicht nachvollziehen. „Es könnte aber mal schlimm ausgehen, wenn ich drauf beiße und ein Stück Zahn bricht mir ab.“ „ Aber es ist doch noch immer gut gegangen – oder nicht? Komm, trink noch eine Tasse Kaffee“, beruhigte ihn Bettina. „Gern.“ Sigurd nahm die Ablenkung bereitwillig an und hielt seine Tasse zum Einschenken hin. Der Kaffee war wirklich gut. Er nahm das Milchkännchen. Leer. „Ja, hab ich es nicht gesagt: Immer ich!“, stöhnte Sigurd. Bettina sprang auf, um dieses Unglück, das ja eigentlich gar keins war, schnellstens zu beseitigen. Ein Griff in den Kühlschrank und das Milchkännchen stand wieder gefüllt auf dem Tisch. „Magst du vielleicht noch ein Stückchen Kuchen?“, fragte Bettina. „Nee, bloß nicht nochmal auf einen Kirschkern beißen. Nein, danke.“ Eigentlich hatte Bettina Sigurds gute Laune wiederherstellen wollen. Aber das Gegenteil war der Fall. Jetzt sagte sie lieber gar nichts mehr.

Da fing Sigurd an. „Gestern war ich beim Kartenspielen. Du kannst dir nicht vorstellen, was für ein Pech ich mit den Karten hatte. Jedes Mal, egal, wer verteilte. Ich bekam immer das schlechteste Blatt. Kein Wunder, denn gestern war ja auch Freitag der 13.“

Macht Sigurd sich vielleicht selbst viele Tage in seinem Leben zum Freitag dem 13.?

Sieglinde

Sieglinde wühlt in ihrem Vorgarten. Sie beschneidet die Buchsbäume und jätet Unkraut, dass die Fetzen fliegen. Wenn sie mit ihren Gummistiefeln Größe 42 durch den Garten stürmt und dabei Maulwurfshügel plättet, erschrecken sich die Würmer, die Hasen fliehen und selbst die Vögel scheinen großen Abstand zu halten. Es soll ja ordentlich aussehen, wie bei allen anderen in der Straße. Kleine Einfamilienhäuser stehen in Reih und Glied in dieser Siedlung am Rande der Stadt. Grauer Himmel, heftiger Wind und ab und zu leichte Regenschauer stören Sieglinde nicht. Hauptsache man schafft was.

Ihr Nachbar kommt herüber. Ludger ist Optiker. Auch in seiner Freizeit beschäftigt er sich mit feineren Arbeiten, dem Modellbau. Mit einem kräftigen Händedruck begrüßt sie ihn und reißt dabei an seinem Arm, als wäre der auch Unkraut, das raus muss. Sieglinde hat ein breites Kreuz, harte Hände und eine kräftige untersetzte Statur, da muss man schon mal aufpassen auf seinen Arm. „Willst du bei diesem Wetter nicht mal eine Pause machen? Gleich ist ja die ganze Frisur hin“, sagt Ludger. Er selbst hat einen präzisen Seitenscheitel und einen Fassonschnitt. „Nein, nein“, antwortet sie, „meine Haare sind so kurz, da kommt nichts durcheinander. Und wenn schon, guck, das ist mein Kamm!“ Sie fährt sich mit den gespreizten schmutzigen Fingern durch die Frisur. Jetzt ist ihr graues Haar mit Gartenerde ein bisschen braun gesprenkelt. „Ich brauche die Harke. Geh mal an die Seite!“ Das lässt sich Ludger nicht zwei Mal sagen. Schnell nutzt er die Gelegenheit zu verschwinden. „Tschüss, Sieglinde, ich will nicht stören. Habe auch noch was zu tun.“ Er schließt das Gartentürchen hinter sich und freut sich auf seine feinen Arbeiten an seinem Flugzeugmodell aus Balsaholz.

Streit

„Stopp! Hast du nicht gesehen, dass da einer von rechts kam?“

„Nee, der war doch noch gar nicht im Kreuzungsbereich.“

„Mensch, schon wieder. Brems doch! Hier ist überall Rechts vor Links. Du fährst heute irgendwie mit Scheuklappen.“

„Jetzt sei doch mal still. Du machst mich ganz nervös. Ich fahre sonst auch ohne deine Hilfe Auto.“

„Aber ich sehe ja jetzt, wie du fährst. Das wird wohl nicht mehr lange gut gehen.“

Bei diesem Streitgespräch denkt man: Die Frau sitzt am Steuer, der Mann daneben korrigiert. Falsch! Hier ist es umgekehrt: Der Mann sitzt am Steuer und die Frau weiß alles besser.

Die Stadt und ihre vielen Kreuzungen haben sie hinter sich. Sie fahren über die Landstraße in Richtung Steinwinkel. In diesem kleinen Ort wohnt ein befreundetes Ehepaar, das heute eingeladen hat. Hinten im Kombi steht eine weiße Orchidee, das Gastgeschenk, gut verpackt in einem hohen Korb. Nicht nur die Sonne hilft, den Streit zu vergessen. Auch die Natur hier außerhalb der Stadt stimmt friedlich. Gelbe Rapsfelder zu beiden Seiten der Straße strahlen in der Sonne. Durch die Lüftung des Autos dringt der süßliche Duft der Rapsblüten.

„Jetzt könntest du aber mal ein bisschen schneller fahren, sonst kommen wir noch zu spät.“

„Mir soll es recht sein. Und was ist mit der Orchidee da hinten, wenn ich durch die Kurven fahre?“

„Die ist gut gesichert im Korb.“

Die Landschaft fliegt an ihnen vorbei. Hinten im Kombi wippen die weißen Blüten bei jeder Bodenwelle. Die Orchidee steht fest im Korb. Oder doch nicht? Sie wackelt auf einmal. Der Kombi ruckelt, der Motor stottert – und sagt nichts mehr. Sie stehen rechts am Fahrbahnrand der Landstraße. Der Motor ist aus. Die Orchidee wackelt nicht mehr. Die Tankanzeige gibt die Erklärung: kein Benzin.

„Mensch, ausgerechnet heute. Wie kann dir das passieren? Warum hast du nicht vorher … ?“ Ein Vorwurf nach dem anderen. Sie merkt es selber.

„Okay“, sagt sie, „es gibt ein Problem, und das lösen wir gemeinsam.“

Zusammen gehen sie zur nächsten Tankstelle ins Dorf, Händchen haltend. Mit schwingenden Armen, in einer Hand schwingt der Reservekanister mit. Wenn die Orchidee im Kombi sehen könnte, würde sie meinen, die beiden hätten sogar gute Laune.

Vielleicht ist es ja auch so.

Verboten

Zeugnis. Und am nächsten Tag gleich in die Ferien. Wir fahren wieder auf den Bauernhof in Anger am Höglwörthsee. Da hat es uns im letzten Jahr so gut gefallen. Wir sind bei einer Familie zu Gast, die selbst eine Tochter in meinem Alter hat. Burgi ist ein nettes Mädchen mit langen, blonden Zöpfen und einem rundlichen Gesicht. Eben typisch bayerisch. Ich dagegen der Ruhrpott-Typ, etwas dicklich mit Bubikopf. Wir verstehen uns gut. Gegensätze ziehen sich an.

Der Kuhstall ist Teil von Burgis Alltag. Für mich nicht. Wenn der Knecht Franzl seinen Melkschemel nimmt, und die Milch aus dem prallen Kuheuter in den großen Eimer spritzt, schaue ich neugierig zu. Eine schwarze Katze mit weißen Pfötchen streicht um meine Beine. Hinterher tapsen sechs Junge. Sie sind immer in Spiellaune und purzeln übereinander. Ins Stroh springen sie, als übten sie schon Mäuse fangen. Ist wohl auch so.

In der Nähe des Bauernhofes gibt es ein öffentliches Schwimmbad. Für uns uninteressant. Viel attraktiver aber ist für uns das Verbotene, der zwei Kilometer entfernte Höglwörthsee. Da wollen wir hin. Unsere Eltern wollen es nicht. Sie haben es ausdrücklich verboten. Burgi und ich sind gute Schwimmerinnen. Also gibt es eigentlich keinen Grund für das Verbot. Wir bestätigen uns das gegenseitig. Und auf geht's. Burgi nimmt ihr eigenes Fahrrad. Ich bekomme ein altes aus der Scheune. Über Feldwege sind die Kilometer schnell geschafft. Eine Kleinigkeit. Wir fahren noch ein Stück am Seeufer entlang und entdecken ein kleines Holzboot. Nichts wie hin. Schwimmen können wir immer noch. Boot fahren ist besser. Wir entern das Boot, finden das Paddel und los. Wir wechseln uns ab. Vom Paddeln haben wir keine Ahnung, auch nicht vom Wetter. So achten wir nicht auf die Wolken am Himmel, weil wir mit Fortbewegung und Lenken unseres Bootes genug zu tun haben. Erst als es vom Himmel her grummelt und die ersten dicken Regentropfen fallen, schauen wir nach oben. Dunkelgraue Wolken, der Regen wird heftiger. Wind kommt auf. Unsere Abenteuerlust verkehrt sich in Sehnsucht nach einem Dach über dem Kopf. Wir kehren um. Unsere Arme wollen schlapp machen. Sie sind das Paddeln nicht gewohnt. Wir geben noch einmal alles, erreichen das Ufer. Auf die Fahrräder. Völlig durchnässt kommen wir zu Hause an. Wo wir gewesen sind, erzählen wir niemandem. Zum Glück fragt auch keiner.

Verliebt

Semesterferien. Keine Klausuren mehr. Kein Seminar. Keine Vorlesung. Aus dem Küchenradio klingt Musik von den Beach Boys. Eben noch den letzten Schluck Kaffee nach dem Frühstück austrinken. Dann geht es los. Heute ist nämlich Schluss mit dem Winterschlaf in meinem kleinen Apartment. Die Sonnenstrahlen zeigen mir den Staub auf allen Flächen und den Schmutz an den Fensterscheiben. Ein Eimer voll Wasser, Spülmittel und ein Schuss Essig dazu. Mit Fensterleder und Gummiflitsche geht es ran an die Fenster. Fensterputzen geht schnell. Das denke ich jedes Mal, wenn ich dabei bin. Und trotzdem lasse ich die Fenster immer so schmutzig werden. Eigentlich halte ich mich nicht für faul. Bin ich es vielleicht doch? Heute auf jeden Fall nicht.

Weiter geht es im Badezimmer mit dem großen Spiegel. Während ich „Oh happy day“ singe, werden Spiegel und Fliesen immer sauberer. Die hohen Töne schaffe ich nicht, deshalb ersetze ich zwischendurch meine kratzige ungeübte Stimme durch Pfeifen. Das kann ich immer. Jetzt nur noch den Boden wischen. Das Bad ist fertig.

Im Radio kommt Musik von Abba. Kenn ich, denke ich nach den ersten Tönen. „Thank you for the music“ … Nein, Irrtum! Es ist „I have a dream“. Ich stelle das Radio lauter. Das Fußbodenwischen geht besonders leicht und schnell mit dieser Musik im Hintergrund. Das Regal staube ich noch ab und den alten Kiefernschrank, den ich von meinem Großvater geerbt habe. Den Schrank könnte ich einmal mit Politur bearbeiten. Dafür habe ich eine besondere mit Zirbelkiefernöl und Lavendel. Mit einem weichen ölgetränkten Tuch behandele ich den Schrank und denke dabei an meinen Opa – und an die vielen Hirschgeweihe, die in seinem Flur hingen. Im Nu riecht mein winziges 40-m^2-Apartment bis in die letzte Ritze nach Zirbelkiefer, Lavendel und anderen ätherischen Ölen.

Hat es da geklingelt? Ich stelle das Radio leiser und öffne die Wohnungstüre. Meine Freundin Elke.

„Oh, du machst Hausputz! Ist etwas Besonderes?"

Elke hebt den Kopf, testet mit der Nase die Gerüche.

„Was ist das?"

„Ich habe die Möbel poliert. Das ist Politur."

So viel Reinlichkeit ist bei Studenten wirklich nicht alltäglich. Deshalb fragt Elke mich: „Sag mal, bist du krank – oder verliebt?"

Ich war nicht krank.

Wunschlos glücklich?

Es war schon der dritte Urlaub in diesem Jahr. Sie konnten es sich leisten. Dieses Mal fuhren Jörg und Franziska mit dem Schiff nach Mittel- und Südamerika. Zum Glück hatten sie Frau Salow. Sie half schon seit Jahren im Haushalt, eine treue Seele. Manchmal kam Frau Salows Tochter mit, sie war erst vier. Franziska mochte sie und verwöhnte sie mit Rübenkrautbroten und warmem Kakao.

Am Tag nach ihrer Abreise hat die Kleine Geburtstag. Franziska hatte das Geburtstagspäckchen schon auf den Küchentisch gestellt, denn wenn sie verreisten, schaute Frau Salow immer nach dem Rechten. Sie nahm Post und Prospekte aus dem Briefkasten und putzte in diesem gepflegten Haushalt, obwohl es eigentlich nichts zu putzen gab. Franziska war Innenarchitektin. Ihr Haus war ausgestattet mit ausgewählten Möbeln, die sie aus ihren Urlaubsländern mitgebracht hatte. Auch alles, was noch an Kleinigkeiten in den Koffer oder ins Handgepäck passte, schmückte ihre Wohnung, eine geschnitzte Giraffe, großgemusterte Stoffe aus Namibia, ein Buddha-Wandbehang aus Thailand …

„Das ist für unsere Bilderwand.“ Franziska rollte ein Stück Baumwolle von einer Papprolle, als sie von ihrer Kreuzfahrt zurück war. Die Rückseite des Baumwollstoffs zeigte ein farbenfrohes Durcheinander von Gelb, Rot und verschiedenen Grüntönen, mit Menschen, Erntekörben, Kakteen und anderen undefinierbaren Pflanzen. „Haitianische Kunst", erklärte Franziska ihrer Schwester Gertrud. „Sieh mal, das ist für deine Kinder." Es waren zwei silberne Halskettchen mit kleinen Anhängern: Aztekenkalender, feine mexikanische Handarbeit. Getruds Kinder verbrachten manche Wochenenden bei Franziska. Sie war ihre Lieblingstante. „Getrud, schau dir mal diese Fotos an. Sind sie nicht niedlich?" Niedlich? – das konnten ja keine Pyramiden sein. Waren es auch nicht. Lauter Fotos von Kindern. Dunkle Kulleraugen. Kinder am Strand. Sie winkten. Sie lachten. Die einen spielten Fußball, andere kletterten gerade in ein altes Boot. Franziska legte die Fotos beiseite. „Gertrud, ich habe ja eigentlich so ein gutes Leben. Ich mache schöne Reisen, habe ein tolles Haus, habe einen verständnisvollen Mann – und einen guten Beruf. Trotzdem bin ich manchmal unzufrieden und denke, irgendetwas fehlt in meinem Leben."

Für Gertrud war es längst klar, sie sagte nur: „Franziska, schau dir noch einmal die Fotos an, dann weißt du es auch."

XXL

Von ihrer Mutter habe sie den Humor und von ihrem Vater den technischen Verstand, meinte Doris. Ihr Hauptproblem hatte sie wohl nicht von ihren Eltern. Die waren beide sportlich und schlank. Gene waren nicht verantwortlich dafür – für ihr Übergewicht.

Mit ihrem Spiegelbild im Badezimmer war Doris sehr zufrieden. Darin sah sie nur ihr Gesicht. Eigentlich richtig hübsch von der einen Seite, fand sie. Aber der Spiegel im Flur zeigte ihre gesamte Erscheinung. Viel zu breite Hüften, Speck an der Taille, zu üppiger Busen und viel zu dicke Oberschenkel. Mit dieser Figur konnte sie sich gar nicht anfreunden. Sie trug knappe T-Shirts und enge Hosen, um sich schlank zu fühlen. Sie machte eine Diät. Danach passte ihr wieder die schicke Hose von damals, als sie acht Kilogramm weniger wog. Aber nicht lange. Die Diäten mussten wiederholt werden. Der Jojo-Effekt stellte sich immer wieder ein. Doris war wirklich sehr schwer und an manchen Tagen auch schwermütig.

„Mensch, du bist ein guter Typ. Hast tolle Haare, ein hübsches Gesicht, bist intelligent und vor allem humorvoll. Steh zu dir!", so munterte Inge sie auf. Inge war ihre beste Freundin. Sie kannten sich seit der Volksschule. „Du hast gut reden mit deinem Traumgewicht." Inge hatte die Superfigur, die dem aktuellen Trend in Modezeitschriften entsprach. Ihre Eltern sagten: „Viel zu dünn!" Doris' Figur entsprach eher dem Idealbild aus der Zeit Michelangelos. Ihre Eltern mahnten: „Pass auf deine Figur auf, Kind!" Wenn auch in freundlichem Ton, trafen diese Worte den wunden Punkt. Doris zog sich zurück. Sie ging nicht mehr aus. Die Waage zeigte stetig mehr an. Zum Glück war da noch Inge. „Lass einfach mal die engen Klamotten weg. Ich kenne ein Geschäft für große Größen. Die haben auch schicke Sachen. Da suchen wir morgen für dich mal einen neuen Kleidungsstil aus."

Am nächsten Tag schien die Sonne. Bei einem Espresso in der Eisdiele wartete Doris auf Inge. Espresso statt Cappuccino oder Eisbecher, der Kalorien wegen. Auch das war schon eine kleine Veränderung. Mit Sonne, Espresso und der Aussicht auf eine neue Garderobe wurde ihre Stimmung immer besser. Der Laden für die großen Größen war gleich um die Ecke.

Vor der Spiegelsäule in der Mitte der Boutique drehte sich Doris, mal mit einem roten Leinenkleid, mal mit einem grünen. Das war alles noch nicht das Richtige. Die schwarze weite Leinenhose mit dem apfelgrünen Oberteil gefiel ihr. Sie probierte beides an.

„Das steht dir", fand ihre Freundin.

„Darin fühle ich mich gut. Das nehme ich – und das gelbe Oberteil nehme ich auch noch."

Doris hatte ihren neuen Stil entdeckt und ihre Lebensfreude auch wiedergefunden. „Komm, lass uns zum Italiener gehen", schlug sie vor. „Ich habe einen Riesenhunger auf Pizza. Hoffentlich ist sie groß genug."

Leseprobe

Doris Reckewell / Andrea Jandt: Bis ich unterm Himmel hänge

Einleitung

Wenn ich an die Zeit zurückdenke, in der meine Mutter nach und nach in die Demenz hinüberglitt, erinnere ich mich zuerst an meine Ängste, die sich zu Angstzuständen und Panikattacken auswuchsen und mir viele schlaflose Nächte und von innerer Verzweiflung geprägte Tage bescherten. Und ich erinnere mich auch an mein schlechtes Gewissen darüber, dass mir meine eigenen Gefühle oft näher standen als die meiner Mutter, die doch offensichtlich Furchtbares durchmachte und wahrscheinlich noch viel mehr litt als ich. Aber ich wollte nichts mit diesem Furchtbaren zu tun haben, und so reagierte ich aus meiner Hilflosigkeit heraus oft mit unterdrückter Wut auf sie. Praktisch aus dem Nichts und für sie völlig unverständlich wurde ich aggressiv, schrie sie auch einige Male an – und konnte auf dem Heimweg von den Besuchen bei ihr dann nur mühsam die Tränen unterdrücken, Tränen der Scham, der Abwehr, der Ohnmacht, der Verzweiflung. Meine Welt geriet aus den Fugen, aber das sollte niemand bemerken. Nach außen hin spulte sich der Alltag ab wie immer, innen versuchte ich, mein Gefühlschaos unter Kontrolle zu halten.

Es war ein Glück, dass mein Hausarzt mich gut kannte

www.reinhardt-verlag.de

Leseprobe

und mir half, bevor mir der Eisenring, der sich um meinen Brustkorb gelegt hatte und sich immer enger zusammenzog, die Luft abschnürte. Er vermittelte mir eine Gesprächstherapie, und die Therapeutin benutzte ein zwar einfaches, aber mir sich sehr einprägendes Bild, das mir half, den entscheidenden Schritt weg von der peinigenden passiven Haltung gegenüber der Alzheimererkrankung meiner Mutter hin zum mitfühlenden Umgang mit ihr zu machen. Ich solle mir ein Gefäß vorstellen, sagte sie, in dem sich alle nicht bewältigten Gefühle befinden: Leid, das keinen Trost erfährt, Liebe, die keine Erwiderung findet, Angst, auch Trauer, die nicht durch positives Erleben wieder abgebaut wird. Im besten Fall lebt man sein Leben, das Gefäß füllt sich, mal mehr, mal weniger, und leert sich auch wieder.

Gerät man allerdings in eine Krisensituation, kann es passieren, dass dieses Gefäß immer voller wird, Angst wird auf Leid auf Verzweiflung auf Trauer gepackt. Der Körper sendet zwar Warnsignale aus wie z. B. Schlaflosigkeit, Antriebslosigkeit, tagtägliche Müdigkeit, Angstzustände, Panikattacken. Die Signale werden auch immer dringlicher, je höher der Pegel im Gefäß steigt, aber oft werden sie nicht wahrgenommen, gehen unter im Alltagsstress. Bis eines Tages der berühmte Tropfen das Gefäß zum Überlaufen bringt, und das kann dann durchaus eine Depression werden oder der Beginn einer schweren körperlichen Krankheit. So weit war es bei mir noch nicht, aber ich musste versuchen, „mein Gefäß“ zu leeren. Also schaute ich hinein, versuchte, meine Gefühle auseinanderzudividieren und

Leseprobe

mich ihnen zu stellen. Ich lernte, sie anzunehmen und sie gewähren zu lassen. Indem ich sie nicht mehr wegdrückte, verloren sie ihre Gewalt über mich. Als Erstes verschwand die unkontrollierbare Aggressivität, dann das schlechte Gewissen und schließlich die Abwehr. Leben, das war die Quintessenz der Gespräche, bedeutet, die Widrigkeiten und die Widersprüche auszuhalten. Nicht sie zu leugnen, nicht sie zu ignorieren, nicht sie ausgleichen zu wollen, sondern sie anzunehmen und auszuhalten. Für den Umgang mit der Demenz meiner Mutter bedeutet dies, unser früheres Mutter-Tochter-Verhältnis ad acta zu legen, es zwar zu betrauern, aber ihm nicht nachzutrauern, sondern zu lernen, sich ganz auf die Gegenwart und auf die Welt meiner Mutter einzulassen.

(...)

Unvergessen: Familienerinnerungen

Peter Krallmann /
Annelie Beel-Krallmann
Onkel Fritz geht baden
51 Familiengeschichten zum
Vorlesen bei Demenz
2015. 118 Seiten.
(978-3-497-02560-2) kt

Humorvolle Familiengeschichten stehen im Mittelpunkt dieses Vorlese-Büchleins für Menschen mit Demenz. Was wäre besser geeignet, Erinnerungen an die eigene Kindheit und an Familienerlebnisse in allen Lebensphasen wachzurufen?

Familienfeste, gemeinsame Ferienabenteuer, wunderliche Charakterzüge von Onkel und Tante, Omas Stickkünste und Opas Witze – alle Themen laden dazu ein, mit den Zuhörern ihre eigene Biografie zu erforschen und Gefühle der Geborgenheit aufleben zu lassen. Dabei bieten die 51 Geschichten die Möglichkeit, über wach gewordene Erinnerungen ins Gespräch zu kommen. Sie können in Verbindung mit persönlichen Fotoalben als kommunikativer Anreiz genutzt werden.